上海智库报告文库
SHANGHAI ZHIKU BAOGAO WENKU

守护精神家园

上海红色资源传承弘扬创新

周峥　渠雨桐

陶渊骏　著

上海人民出版社

编审委员会

主　任：赵嘉鸣

副主任：权　衡　周亚明

委　员（以姓氏笔画为序）：

干春晖　王为松　叶　青　吕培明

刘元春　祁　彦　阮　青　李友梅

李安方　李岩松　张忠伟　陈东晓

陈志敏　陈殷华　顾　锋　顾红亮

梅　兵　曾　峻　温泽远

序

　　智力资源是一个国家、一个民族最宝贵的资源。建设中国特色新型智库，是以习近平同志为核心的党中央立足新时代党和国家事业发展全局，着眼为改革发展聚智聚力，作出的一项重大战略决策。党的十八大以来，习近平总书记多次就中国特色新型智库建设发表重要讲话、作出重要指示，强调要从推动科学决策、民主决策，推进国家治理体系和治理能力现代化、增强国家软实力的战略高度，把中国特色新型智库建设作为一项重大而紧迫的任务切实抓好。

　　上海是哲学社会科学研究的学术重镇，也是国内决策咨询研究力量最强的地区之一，智库建设一直走在全国前列。多年来，上海各类智库主动对接中央和市委决策需求，主动服务国家战略和上海发展，积极开展研究，理论创新、资政建言、舆论引导、社会服务、公共外交等方面功能稳步提升。当前，上海正在深入学习贯彻习近平总书记考察上海重要讲话精神，努力在推进中国式现代化中充分发挥龙头带动和示范引领作用。在这一过程中，新型智库发挥着不可替代的重要作用。市委、市政府对此高度重视，将新型智库建设作为学习贯彻习近平文化思想、加快建设习近平文化思想最佳实践地的骨干性工程重点推进。全市新型智库勇挑重担、知责尽责，紧紧围绕党中央赋予上海的重大使命、交办给上海的重大任务，紧紧围绕全市发展大局，不断强化问题导向和实践导向，持续推出有分量、有价值、有思想的智库研究成果，涌现出一批具有中国特色、时代特征、上海特点的新型智库建设品牌。

"上海智库报告文库"作为上海推进哲学社会科学创新体系建设的"五大文库"之一，是市社科规划办集全市社科理论力量，全力打造的新型智库旗舰品牌。文库采取"管理部门＋智库机构＋出版社"跨界合作的创新模式，围绕全球治理、国家战略、上海发展中的重大理论和现实问题，面向全市遴选具有较强理论说服力、实践指导力和决策参考价值的智库研究成果集中出版，推出一批代表上海新型智库研究水平的精品力作。通过文库的出版，以期鼓励引导广大专家学者不断提升研究的视野广度、理论深度、现实效度，营造积极向上的学术生态，更好发挥新型智库在推动党的创新理论落地生根、服务党和政府重大战略决策、巩固壮大主流思想舆论、构建更有效力的国际传播体系等方面的引领作用。

党的二十届三中全会吹响了以进一步全面深化改革推进中国式现代化的时代号角，也为中国特色新型智库建设打开了广阔的发展空间。希望上海新型智库高举党的文化旗帜，始终胸怀"国之大者""城之要者"，综合运用专业学科优势，深入开展调查研究，科学回答中国之问、世界之问、人民之问、时代之问，以更为丰沛的理论滋养、更为深邃的专业洞察、更为澎湃的精神动力，为上海加快建成具有世界影响力的社会主义现代化国际大都市，贡献更多智慧和力量。

中共上海市委常委、宣传部部长　赵嘉鸣

2025 年 4 月

目 录

前　言

　　红色资源承载着党和人民奋斗的光辉历史和革命精神，是激励全国人民不忘初心、继续前行的宝贵财富。习近平总书记多次强调要保护、传承好这些珍贵的红色资源，让红色基因代代相传，推动其与时代结合、走进人民生活。上海是党的诞生地、初心始发地、伟大建党精神孕育地、社会主义建设重要基地和改革开放前沿阵地，在一百多年的壮阔征程中形成了丰富的红色资源、积淀了深厚的红色底蕴，红色基因也深深融入了上海这座城市的血脉。2017 年，习近平总书记在上海瞻仰中共一大会址时指出"这里是中国共产党人的精神家园"，2023 年底，习近平总书记在上海考察时再度强调要用好一大会址等红色资源。切实保护好、传扬好、利用好这批红色资源，是上海的重要使命。

　　上海的红色资源具有在地性与独特性。从历史的角度来看，上海是中国共产党的诞生地，曾是中共中央早期所在地，时间长达 12 年之久。同时，上海也是中国工人阶级的起源地和改革开放的前沿阵地，拥有涵盖百年党史、以建党历史为核心的完整资源链条。从实践上看，上海始终以伟大建党精神为指引，紧紧把握住"党的诞生地"这一核心定位，将守护中国共产党人精神家园的使命贯穿于顶层设计、科学管理和弘扬传播的各项具体工作。从文化发展格局上看，红色文化与江南文化、海派文化在上海相互融合，共同滋养出这座城市独特的精神风貌和文化特质，红色是上海城市文化的底色。

本书深入探索了新时代背景下上海用好红色资源的创新实践，尤其聚焦革命纪念场馆在红色文化传承弘扬中的独特作用。第一章在梳理国家政策与核心概念基础上点明用好红色资源是上海回应时代要求的必然趋势。第二章聚焦上海红色资源的特征，重点分析其历史、实践和文化多层面的独特性。第三章到第五章为本书重点章节，围绕红色资源保护、研究与传播三大主题展开，讨论了政策支持、资源管理、学术研究和文化传播等关键环节，提出打造"三个高地"的战略目标。第六章通过对国内其他省市在红色资源应用方面的创新案例进行分析，以期为上海提供有益借鉴。

在新时代、新征程的历史节点上，上海以弘扬伟大建党精神为核心使命，以建设习近平文化思想最佳实践地为思想引领，将人民至上的城市建设理念融入上海红色文化的发展建设格局。这不仅是保护、传承、弘扬红色资源的需要，更是上海建设具有世界影响力的社会主义现代化国际大都市的应有之义。本书通过多维视角，不仅解析了红色文化与江南文化、海派文化的融合发展，还提供了政策保障、学术研究、文旅融合等创新案例。这是对上海创新利用红色资源丰富经验的一次深入总结，是对上海红色资源焕发出勃勃生机与时代共鸣的深刻见证，也是对全国红色文化发展的有益启示。我们希望激发更多人加入保护传承弘扬红色资源的实践中，共同打造文化自信自强的上海样本。

第一章
新时代用好红色资源的背景与要求

习近平总书记指出，红色是中国共产党、中华人民共和国最鲜亮的底色，在我国960多万平方公里的广袤大地上红色资源星罗棋布，在我们党团结带领中国人民进行百年奋斗的伟大历程中红色血脉代代相传。[1]红色资源见证着我们党走过的光辉历程、取得的重大成就，展现了我们党的梦想和追求、情怀和担当、牺牲和奉献，在不同年代形成了一个又一个中国共产党人伟大精神，构筑起以伟大建党精神为源头的中国共产党人精神谱系。唯有用好红色资源，让红色资源"活起来"，才能贯通历史、现实和未来，实现用红色文化铸魂育人，让革命精神代代相传。正确看待问题是着手分析问题的必要前提，故而首章将系统梳理红色资源的内涵、特征与现状，在对红色资源进行全景式综合考察基础上，探究上海立足新时代历史节点用好红色资源的起点、站位与语境。

---

[1] 习近平：《用好红色资源　赓续红色血脉　努力创造无愧于历史和人民的新业绩》，《求是》2021年第19期。

第一节　红色资源的内涵、特征与现状

　　关于红色资源的定义、内涵与外延，学界一直众说纷纭，没有统一定论。全面、辩证地看待这些观点，廓清红色资源概念的大致面貌，是开展红色资源利用工作的重要前提。本节试辨认与识别红色资源的本质含义与基本特征，梳理社会各界对于红色资源的研究、保护、管理与传扬现状，为上海市保护利用红色资源奠定认识论基础。

一、红色资源的定义与内涵

　　2002 年，中国学界首次提出"红色资源"这一概念，[1] 在 20 余年的理论研究与实践总结中不断丰富完善其内涵与外延。尤其自党的十八大以来，以习近平同志为核心的党中央高度关注红色资源保护与红色基因传承工作，作出了一系列重要论述与指示批示。2021 年中国共产党百年华诞之际，习近平总书记在《求是》杂志发表了《用好红色资源，传承好红色基因，把红色江山世世代代传下去》重要文章，并于 2021 年 6 月 25 日亲自主持主题为"用好红色资源、赓续红色血脉"的中共中央政治局第三十一次集体学习时指出："红色资源是我们党艰辛而辉煌奋斗历程的见证，是最宝贵的精神财富。"[2] 为

---

[1] 谭冬发、吴小斌：《"红色资源"与扶贫开发》，《老区建设》2002 年第 7 期。该文将"红色资源"的含义表述为"能够顺应历史潮流，弘扬爱国主义精神的一切革命活动中凝结的人文景观和精神"。学界普遍认为此文最早提出了"红色资源"这一概念，其发表标志着红色资源研究的起始。

[2]《习近平在中共中央政治局第三十一次集体学习时强调　用好红色资源赓续红色血脉　努力创造无愧于历史和人民的新业绩》，《人民日报》2021 年 6 月 27 日。

此提出了许多立意高远、思想深邃的观点，充分肯定了红色资源的重要价值，也提出了许多具体的工作要求与方法，有学者将其凝练概括为"习近平红色资源观"。[1]

红色资源概念是进行红色资源研究的前提和基础，同时也是红色资源学科发展的内在需求，历来受到学者的高度关注和深入剖析。鉴于此，本书首先须厘清"红色资源"这一核心命题的基本概念，爬梳、整合、廓清"何为红色资源"这一基本问题。长久以来，学界有关中国共产党带领中国人民创造和凝聚的一系列精神文化的内涵总括，有红色文化、先进文化、革命文化、红色资源与红色文化资源等不同概念，形成了纷繁复杂、蔚为丰硕的研究面向。从革命文化、红色文化到红色资源、红色文化资源的侧重转向，体现着学界对于这一概念在内涵属性、时代背景、功能价值等方面的认知转变。

（一）革命文化

革命几乎贯穿了整个 20 世纪的中国，在不同的历史时期，革命文化所承载的基本内涵和政治价值亦有所不同，也导致了学界对这一概念的认知偏差。在新民主主义革命时期，"革命文化"指的就是"新民主主义文化"，即革命文化是指"中国共产党在马克思主义的指导下，领导全国各族人民在新民主主义革命过程中创造的红色文化成果"。[2]"包括各种类型的歌颂毛泽东和共产党的文学艺术文本，各种

---

[1]　冯雅、吴寒、李刚：《论习近平红色资源观》，《图书馆论坛》2022 年第 1 期。

[2]　程彪、张荣荣、王春林：《革命文化的历史性内涵与时代价值》，《理论探讨》2019 年第 3 期。

关于中共党史和中国革命史的叙述、话语、符号等等"。[1]改革开放以来，革命文化在社会主义精神文明建设和先进文化建设中被重新加以解读，即有学者认为"革命文化是中国人民在长期的革命实践中逐渐形成的、以马克思主义为指导的、反映中国革命现实、凝聚共产党人和革命群众独特思想和精神风貌的文化。……它不但是中国革命时代的先进文化，也是中国目前多元文化格局中重要一元"。[2]由上可知，在"革命文化"语系中，更偏重对于革命要素和革命时期的分析，并强调其在中国多元文化格局中的具体地位。近年来，革命文化再度成为社会热词。党的十八大以来，习近平总书记先后到过许多革命老区考察，看望老区人民，对弘扬革命文化、传承红色基因发表过多次讲话，作出过重要指示，强调要使革命文化成为激励人民奋勇前进的精神力量。党的二十大报告指出，"我们要发展社会主义先进文化，弘扬革命文化，传承中华优秀传统文化"。在当下各种文化思潮的激荡竞争更趋激烈的形势下，弘扬革命文化的任务更是无上光荣又无比艰巨。

（二）红色文化

进入 21 世纪，中国学界开始以"红色文化""红色文化资源"指称革命时期的文化，尤其是党的十八大以来，习近平总书记坚定不移地对红色文化传承的回顾与强调，在全国掀起了学习和研究红色文化的热潮[3]并持续至今。总体而言，学界对红色文化的起源时间、构

---

[1] 陶东风：《后革命时代的革命文化》，《当代文坛》2006 年第 3 期。

[2] 徐利兰：《论中国"革命文化"的内容和特点》，《广东省社会主义学院学报》2003 年第 3 期。

[3] 闻洁璐：《红色文化资源研究综述》，《浙江理工大学学报》2007 年第 1 期。

成要素仍存在争议。在起源时间上，有旧民主主义起源说、马克思主义传入中国起源说、五四运动起源说和中国共产党诞生起源说；在构成要素上，有二元论、三元论乃至四元论等多元主张。[1] 如汤红兵指出，红色文化"是指中国共产党领导人民在革命战争时期形成的，并在后来加以整理开发的革命历史文化，包括硬件和软件两个方面，硬件方面指革命时期遗留下来的遗物、遗迹、遗址等历史遗存及后来修建的纪念碑、纪念馆、纪念堂等；软件方面指包括革命事迹、革命文献、革命文艺等在内的革命历史记录及蕴涵其中的革命精神"。[2] 渠长根等人通过内涵剖析和概念对比，认为"红色文化概念有广义和狭义之分。广义上，主要指人类社会主义运动的整个历史过程中形成的人类文明的总和；狭义上，特指中国共产党带领中国人民在发展建设的过程中创造出来的物质和精神财富的总和"。[3] 王以第指出，红色文化是物质文化、制度文化和精神文化三者的有机统一体。[4] 魏本权则认为，红色文化是物态、制度、行为和心态文化的统一体。[5]

（三）红色资源与红色文化资源

红色资源的研究发展至今，从研究成果上看，核心作者队伍不断扩大，研究内容不断深化，学科研究领域不断拓展与交融趋势并存，

[1] 渠长根、武玮芸、成彦彦：《红色文化概念研究综述》，《哈尔滨职业技术学院学报》2022 年第 4 期。

[2] 汤红兵：《湘鄂西红色文化的形成及开发——以洪湖、监利红色文化资源为主体透视》，华中师范大学硕士学位论文 2006 年。

[3] 渠长根：《红色文化概论》，红旗出版社 2017 年版，第 7 页。

[4] 王以第：《"红色文化"的价值内涵》，《理论界》2007 年第 8 期。

[5] 魏本权：《从革命文化到红色文化：一项概念史的研究与分析》，《井冈山大学学报》（社会科学版）2012 年第 1 期。

各学科知识呈快速增长且不断的完善态势；[1]从横向内容上看，涵盖了内涵、特征、功能价值及其开发利用等诸多问题。具体讨论已由初期对红色资源概念、价值功能的争论，逐渐深入红色资源开发、利用特别是如何将其转化为教育教学资源等方面的探讨。[2]

目前流传于学界有"红色资源"和"红色文化资源"两类概念，无论是对两者的关系还是内涵定义，学界的认识都不统一，在红色资源的主体范围、时间范围和载体形式上存在基本分歧。[3]关于两者的关系，有学者认为"红色文化资源"是红色、文化和资源三个概念的有机整合。"红色"概念指明了主体与年代，即中国共产党和中国人民在革命战争时期所创造的一系列资源；"文化"概念则是指该时期形成的制度文化、物质文化以及精神文化的有机统一；"资源"概念则揭示了红色文化具有资源属性，可以被开发利用。也即，红色资源是"中国共产党领导中国人民在革命战争年代开展了一系列革命活动后形成的可被人民群众开发利用的物质形态、信息形态、精神形态的历史遗存，如红色文艺作品、红色遗址旧址、革命纲领、红色精神等"。[4]在创造主体上，有学者认为红色资源是由中国共产党领导下广大人民群众在实践中创造与形成的，有学者则认为更广义上的红色资源是顺应历史潮流、弘扬爱国主义精神的一切革命活动中凝结的人

[1] 张旭坤、陈刚、张泰城：《新世纪以来红色文化资源研究综述》，《中国井冈山干部学院学报》2022 年第 2 期。

[2] 张泰城、张玉莲：《红色资源研究综述》，《井冈山大学学报》（社会科学版）2013 年第 6 期。

[3] 冯雅、吴寒、李刚：《论习近平红色资源观》，《图书馆论坛》2022 年第 1 期。

[4] 李贤海、李文瑞：《对"红色资源"概念界定的思考》，《井冈山大学学报》（社会科学版）2011 年第 3 期。

文景观和精神；[1]在时间范围上，有学者认为红色资源的时间范围仅包括革命战争时期，即从中国共产党建党至新中国成立这段时间，[2]有学者则认为应包含新民主主义革命至改革开放时期；[3]在具体载体上，部分学者认为红色资源的核心在于精神，[4]特指以物质载体形式表现出来的精神内涵，另有学者认为红色资源是由精神内核和物质载体构成的"红色文化"统一体，[5]包括革命遗址、纪念场所、标志物、遗存物品和文献，以及承载革命历史、革命事迹和革命精神的载体等。[6]

在具体梳理以上概念后，本书基本认同"红色资源"隶属于"红色文化资源"这一文化综合体，相较于其他概念，"红色资源"更偏重于强调红色文化的"资源"属性，即红色文化是可以被具体开发、传承与利用的。本书将视角聚焦于上海这一中国共产党重要的建党实践空间，采用2021年上海市公布的《上海市红色资源传承弘扬和保护利用条例》所规定的"红色资源"概念，即"本条例所称的红色资源，是指中国共产党领导下，在新民主主义革命时期、社会主义革命和建设时期、改革开放和社会主义现代化建设新时期、中国特色社会主义新时代所形成的具有历史价值、教育意义、纪念意义的下列物质资源和精神资源"，该条例进一步将红色资源划分为三类：一是重要

[1] 谭冬发、吴小斌：《"红色资源"与扶贫开发》，《老区建设》2002年第7期。
[2] 李康平：《红色资源研究与高校思想政治教育》，《高校理论战线》2007年第6期。
[3] 朱小理、胡松、杨宇光：《"红色资源"概念的界定》，《井冈山大学学报》（社会科学版）2010年第5期。
[4] 郭晓平：《"红色资源"的主体是精神》，《中华魂》2005年第2期。
[5] 李实：《准确认识"红色资源"的丰富内涵》，《政工学刊》2005年第12期。
[6] 徐艳萍：《利用红色资源加强青少年革命传统教育》，《当代青年研究》2008年第5期。

旧址、遗址、纪念设施或者场所等；二是重要档案、文献、手稿、声像资料和实物等；三是具有代表性的其他资源。故而，本书明确"红色资源"的基本要素如下：

（1）实践主体，红色资源是中国共产党领导下人民群众在具体实践中创造与运用的；

（2）时间范畴，红色资源所涵盖的时间范围包括新民主主义革命时期、社会主义革命和建设时期、改革开放和社会主义现代化建设新时期、中国特色社会主义新时代；

（3）承载形式，红色资源是一种物质资源和精神资源，而精神资源需要借由一定的物质载体形式表现；故而，本书主要聚焦于红色资源的物质载体形式，即重要旧址、遗址、纪念设施或者场所等不可移动革命文物，以及重要档案、文献、手稿、革命文物等可移动实物；

（4）资源属性，红色资源是具体可以被保护、开发、传承与利用的。

二、红色资源的基本特征

由上所述，红色资源是红色文化的物质层面与实物形态，具有外在显性、可供发掘与阐释等基本特质。除了物质性与资源性之外，红色资源起码还具有以下 5 个特征：

（一）政治性

红色资源是在中国共产党领导的革命斗争实践中逐步孕育、形成和发展的，具有无产阶级意识形态的本质特征，必然具备能发挥政治信仰的导向功能。[1]中国共产党在领导全国各族人民进行革命斗争的实践中，始终坚持以马克思主义革命文化思想为理论指导，始终坚持党的先进性教育，始终坚持"为人民谋幸福、为民族谋复兴"的初心使命，在奋斗历程中形成了红色文化这一独特的政治文化，这是中国共产党人政治本色和优秀精神品质的集中体现。红色资源正是红色文化的具象呈现，是一种政治资源，见证了中国共产党人追求马克思主义真理的实践过程。

（二）精神性

2021 年，党中央从系统整体的角度创造性地提炼和概括了中国共产党人精神谱系，这是中国共产党团结带领全党全国各族人民解答时代命题、破解实践难题的精神标识，具有鲜明、统一的精神价值与指向。精神作为抽象的思想意识形态，需要借助一定的具象实在才能外显与表达，而作为一类特殊的社会存在，红色资源是自然属性和社会属性的内在统一，它的特殊之处在于吸取和凝结了人民群众、革命烈士、革命领袖的精神意志，蕴含着中国共产党人在百余年的历史征程中形成的精神谱系；这种精神价值超越资源本身，以一种振奋人心的革命力量不断激励当代中国人民创造美好生活。基于此，党的二十大报告中着重指出："弘扬以伟大建党精神为源头的中国共产党人精神谱系，用好红色资源"，[2]充分体现了红色资源的核心指向是精神

---

[1] 卞成林主编：《百色起义与大学生思想政治教育》，广西人民出版社 2014 年版，第173 页。

[2] 习近平：《高举中国特色社会主义伟大旗帜　为全面建设社会主义现代化国家而团结奋斗——在中国共产党第二十次全国代表大会上的报告》，人民出版社 2022 年版，第44 页。

的赓续，研究好、阐释好红色资源的核心要义在于见人、见事、见精神。

（三）人民性

红色资源是党团结带领中国人民创造出来的，并为人民所共享的精神文化产品，人民性是其根本特征。人民群众是社会变革的决定性力量，在党的百余年奋斗史中，人民群众始终是创新创造和传承传播红色资源的主体力量。进入中国特色社会主义新时代，以习近平同志为核心的党中央创造性地把马克思主义基本原理与中国的具体实际相结合，用中华优秀传统文化、社会主义先进文化和红色文化引领中国特色社会主义文化建设，将"以人民为中心、以精品奉献人民、用明德引领风尚"[1]作为红色资源建设的不懈追求。

（四）地方性

红色资源的创生、传承和利用都具备特定的时间特点与空间特点。国内的红色资源在实践特点方面具备一定的区域相似性，这主要是由于在党的革命、建设与改革时期，各个重要历史事件发生的地点、人物活动的地点不尽相同。例如国民革命时期与土地革命时期，我国南方地区各个省份革命活动实践较多，而抗日战争等重大革命活动的遗址遗迹则更多集中在北方地区。为此，发掘红色资源的地方特色与时空特性，把握好各地区用好红色资源的核心主题与使命愿景，能够有效激发广大人民地方荣誉感与地方归属感。

---

[1]《坚定文化自信把握时代脉搏聆听时代声音　坚持以精品奉献人民用明德引领风尚》，《人民日报》2019年3月5日。

（五）时代性

红色资源是以革命为思想内核和价值取向的文化资源，是革命文化的时代化呈现，它承载着中国共产党人英勇奋斗的革命精神和以改革创新为核心的时代精神，因而构成了马克思主义中国化话语体系的重要内容和时代主题。作为特定历史时代的产物，红色资源并不会随着历史发展和时代变迁而消亡，反之，它伴随中国共产党在各个历史阶段的革命实践而得以传承下来，并焕发出新的生命力。这种时代性决定了红色资源具有无限的生命力，这既是红色资源在一代又一代的精神的传承和发扬，又是对红色资源的内涵的丰富和发展。

三、红色资源的现状总括

近年来，红色文化资源在挖掘、保护与利用方面取得了新的进展。在党和国家的高度重视下，中央不断完善顶层设计与政策支持，为红色资源事业发展提供方向指引和制度保障；各地依托独特的红色文化资源优势，不断推动红色文化资源向着规范化、产业化与数字化等方向发展；学界持续深耕红色资源相关议题，从理论角度总结先进经验、提供学理性支撑。

（一）党和国家高度重视红色资源的传承利用工作

党和国家历来重视红色资源的传承、保护和利用。早在 2007 年，时任上海市委书记的习近平履职后第一场公开活动，便是带领上海市领导班子成员瞻仰中共一大会址纪念馆。他动情地指出："中国共产党在上海诞生，这是上海的骄傲。我们有幸在上海工作，既感到十分光荣，更倍感责任重大。"之后又陆续参观过中共二大会址、中共四大史料陈列馆，这一系列活动的目的是推动广大党员干部群众接受革命传统教育，重温党的光辉历程，缅怀党的丰功伟绩，学习革命先辈的崇高精神，进一步激发为党和人民的事业不懈奋斗的豪情和斗志，把上海建设得更美好。这一年，主政上海期间，习近平同志先后三次瞻仰了中共一大会址。

时隔十年，2017年10月31日，党的十九大闭幕仅一周，习近平总书记首次带领中央政治局全体常委专程来到上海瞻仰中共一大会址，回顾建党历史，重温入党誓词，向全党发出了"不忘初心、牢记使命、永远奋斗"的号召。在仅有18平方米的中共一大会议室原址，习近平总书记听取了中共一大召开过程的介绍，询问中共一大会址保护和开展爱国主义教育情况，并将中共一大会址比作"中国共产党人的精神家园"，叮嘱一定要把会址保护好、利用好。对于保护革命旧址、利用红色资源、传承红色基因的理论路径在此时已见雏形。

党的十八大以来，红色资源的保护、管理和运用成为党和国家高度关注的领域，习近平总书记反复强调要把红色资源利用好、把红色传统发扬好、把红色基因传承好，为新时代用好红色资源指明了前进方向、提供了根本依据。2019年11月，习近平总书记在上海调研时指出，"上海是我们党的诞生地，党成立后党中央机关长期驻扎上海"，各级干部要把这些丰富的红色资源作为主题教育的生动材料，让初心薪火相传，把使命永担在肩。2020年11月，习近平总书记在浦东开发开放30周年庆祝大会上的讲话强调，作为中国共产党诞生地的上海，要传承红色基因、践行初心使命，不断提升党的建设质量和水平，确保改革开放正确方向。2021年5月，第10期《求是》杂志发表习近平总书记重要文章《用好红色资源 传承好红色基因 把红色江山世世代代传下去》，强调要把红色资源作为坚定理想信念、加强党性修养的生动教材，讲好党的故事、革命的故事、根据地的故事、英雄和烈士的故事，加强革命传统教育、爱国主义教育、青少年思想道德教育，把红色基因传承好，确保红色江山永不变色。2021年6月，党的十九届中央政治局第三十一次集体学习以"用好红色资源、赓续红色血脉"为主题，习近平在集体学习时指出："红色资源是我们党艰辛而辉煌奋斗历程的见证，是最宝贵的精神财富。"并强调各级党组织要充分用好红色资源，教育引导广大党员、干部赓续红色血脉，做到学史明理、学史增信、学史崇德、学史力行，要用心用情用力保护好、管理好、运用好红色资源，让党员干部群众切身感受艰辛历程、巨大变化、辉煌成就。此次学习为保护、传承和利用红色资源提供了扎实思想引领。2022年1月，习近平在省部级主要领导干部学习贯彻党的十九届六中全会精神专题研讨班开班式上发表重要讲话，强调要用好红色资源，加强革命传统教育、爱国主义教育、青少年思想道德教育，引导全社会更好知史爱党、知史爱国。2022年10月召开的党的二十大，进一步对红色资源的利用提出了新的更高要求，指出要："弘扬以伟大建党精神为源头的中国共产党人精神谱系，用好红色资源，深入开展社会主义核心价值观宣传教育，深化爱国主义、集体主义、社会主义教育，着力培养担当民族复兴大任的时代新人。推动理想信念教育常态化制度化，持续抓好党史、新中国史、改革开放史、社会主义发展史宣传教育，引导人民知史爱党、知史爱国，不断坚定中国特色社会主义共同理想。"

党的十八大以来，习近平总书记先后到全国多个省、自治区、直辖市地方考察调研，其间多次到访革命纪念地，瞻仰革命历史纪念场所，遍访革命故地、红色热土，反复强调要用好红色资源，传承好红色基因，把红色江山世世代代传下去。2017年10月，党的十九大闭幕仅一周，习近平总书记便带领中共中央政治局常委集体瞻仰中共一大会址，回顾建党历史、重温入党誓词，昭示了新一代领导集体对于红色资源的高度重视。2019年，习近平总书记在河南考察时指出，"革命博物馆、纪念馆、党史馆、烈士陵园等是党和国家红色基因库"，突出了红色资源的研究、收藏、展示、教育机构的重要性，强调要讲好党的故事、革命的故事、根据地的故事、英雄和烈士的故事，加强革命传统教育、爱国主义教育、青少年思想道德教育，把红色基因传承好，确保红色江山永不变色。2021年3月，习近平总书记在福建考察时指出要用好用足"革命老区，党史事件多、红色资源多、革命先辈多"的天然条件，丰富红色教育载体；鼓励大家要在讲好红色故事、传承红色基因方面发挥积极作用。2022年10月，习近平总书记在瞻仰延安革命纪念地时强调，要弘扬伟大建党精神，弘扬延安精神，坚定历史自信，增强历史主动，发扬斗争精神，为实现党的二十大提出的目标任务而团结奋斗。

梳理这些有关红色资源的论述与观点，深刻领会习近平总书记关于用好红色资源、传承红色基因的丰富思想内涵，充分认识其中的重大意义，形成顶层思想设计，对于加深群体对于红色资源的认识，合理开发运用红色资源，凝聚主流价值观，丰富新时代中国特色社会主义文化建设理论体系都有重要的思想引领和指导作用。同时，通过搭建起系统的上层理论框架，为各地深入探讨对红色资源保护、传承与利用的政策实践，提供了最基本的遵循路径与理念支撑。

（二）各级政府为红色资源保护利用提供法律支撑和管理机制

为用好、用足、用活红色资源，加强对红色资源的保护、管理和利用实践，国家及各地方政府相继开始制定措施，形成管理机制。目前，国家虽然没有正式出台针对红色资源的专项立法和相关政策措施，但依托革命文物场所发挥红色资源优势，一直是党和国家在这方面长期的实践探索路径。其中，对于革命文物的保护利用实践，为红色资源的保护、传承与利用提供了基本参照与有力借鉴。

2018年中办、国办印发了《关于实施革命文物保护利用工程（2018—2022年）的意见》，要求各地区各部门结合实际认真贯彻落实，实行革命文物定期排查制度，分批公布全国革命文物名录，建立大数据库；加大保护力度，各级政府应及时把新发现的革命文物依法纳入保护范畴；实施百年党史文物保护展示、革命文物集中连片保护利用等六大重点工程；县级以上政府应将革命文物保护作为支持重点；打造红色旅游品牌，力戒红色旅游中的低俗、庸俗、恶俗现象。2019年中央批准国家文物局成立革命文物司，其主要职责便是负责指导革命文物保护管理利用工作；拟订革命文物保护管理利用的政策、规划和标准、规范，并组织实施；组织开展全国革命文物资源调查和公布工作；指导革命博物馆、纪念馆工作；组织革命文物研究、展示和传播工作。这一机构的设立，实现了革命文物行政机构从无到有的跨越，目前其也成为红色资源保护、传承与利用的主要监管机构。

2015年修订后的《中华人民共和国立法法》，赋予了所有设区的地级市立法权，各级地方政府也由此开始积极探索保护红色资源的法治实践。例如，2017年福建三明制定了首部专门针对红色文化遗址保护的政府规章《三明市红色文化遗址保护管理办法》；吉林自2019

年起先后编制发布《吉林省革命文物保护利用规划纲要》《吉林省东北抗联文物保护专项规划》，公布革命文物名录，推动革命文物保护与红色文旅融合发展，构建红色资源保护体系；山西于2019年施行全国首部省级红色文化遗址保护条例《山西省红色文化遗址保护利用条例》，明确规定了对太行精神、吕梁精神等具有地方特色的红色文化的挖掘弘扬；2021年上海颁布施行《上海市红色资源传承弘扬和保护利用条例》，该条例是全国首个针对红色资源传承弘扬的专项法规，对红色资源的概念、范围作出了明确界定，并提出了联席会议机制、名录制度、长三角联动等多个全国独有的体制机制和创新举措，明确任何单位和个人都有依法保护红色资源的义务，不得破坏、损毁、侵占或者歪曲、丑化、亵渎、否定红色资源，是目前全国唯一一个将"传承弘扬"放入名称的地方红色立法；2022年江西颁布实施了省级地方性法规《江西省革命文物保护条例》，在革命文物界定、多元产权处理、革命精神研究、红色资源传承运用等方面进行了探索。此外，四川、河北、江苏、广东、天津、安徽等地均有针对红色资源、革命文物、红色遗址等的专项保护利用条例出台。这些政策举措对不同类别、不同价值的红色文化，差异化地开展保护、传承和利用，使红色资源活化利用能够因地制宜、因时制宜、因人制宜，将红色资源管理逐步纳入法治化、规范化轨道，也为上海红色文化保护利用事业提供了丰富的经验借鉴。

（三）学界积极探索红色资源保护利用的理论与实践

1. 做好红色资源的保护工作

关于红色资源的保护工作，全国上下秉持"保护为主、抢救第

一、合理利用、加强管理"的基本原则，围绕地方现状与特色对如何保护、传承红色资源进行探索。如山西吕梁利用红色资源弘扬吕梁精神的具体实践中，即重视多管齐下，切实传承保护红色文化资源，包括摸清资源底数、印发相关保护利用法律法规、加大资金投入和资源保护、坚持项目带动等途径。[1] 河南信阳在弘扬大别山精神过程中，注重"建"，着力提升"红色基因库"，坚持规划为先、保护为主、提升为要，全力抓好修缮、保护和改造，留住和放大"红色记忆"。[2]

2. 发挥红色资源的育人价值

习近平总书记曾强调："要用好红色资源，加强革命传统教育、爱国主义教育、青少年思想道德教育。"[3] 红色资源是学校发挥思政教育等育人功能的重要精神内核，是坚持正确办学方向的内在指引，也是青少年感悟伟大精神、构建正确的历史认知以及形成正确价值观的有力保障。鉴于此，不少学者从红色资源育人功能的发挥层面，论述如何利用红色资源弘扬伟大精神。总体来看，讨论集中于用好红色资源发挥育人功能的价值意蕴和实践路径两个方面。

价值意蕴方面，学界充分肯定红色资源在思政育人方面的重要作用与价值。如张岩等认为，将大别山红色文化融入地方高校思政课教学，对于传承和弘扬大别山精神有着重要意义，是落实思政课立德树人根本任务的必然要求、充实思政课堂与丰富教学内容的必要条件、

---

[1]　郭艳芳：《弘扬吕梁精神　传承红色基因——谈吕梁红色文化资源保护与开发》，《党史文汇》2022 年第 10 期。

[2]　信阳市老促会：《信阳市红色资源保护利用、弘扬大别山精神调查》，《中国老区建设》2020 年第 2 期。

[3]　习近平：《用好红色资源　赓续红色血脉　努力创造无愧于历史和人民的新业绩》，《求是》2021 年第 19 期。

擦亮青春底色与筑牢理想信念的必然选择及传承红色基因与发扬红色精神的必由之路。[1]柯燕等指出，"老西藏精神"蕴藏的红色资源与思政课的爱国主义教育、理想信念教育、反分裂教育和民族团结教育高度契合，具有较强的育人价值、兴党价值、强军价值和资政价值，是教育西藏当代青年"不忘初心、牢记使命"，始终做祖国边疆的守护者和幸福家园的建设者的优质资源。[2]

　　实践路径方面，学者们普遍认为课堂尤其是思政课堂是开发利用红色资源、传播弘扬伟大建党精神的主阵地，以此为基础探索将红色资源融入思想育人的实践途径。如张振华从办学方面和大学精神层面分析北京理工大学延安精神育人功能，探析红色资源在北理工大学生教育中的意蕴，在办学层面，提出要坚持正确的办学方向、坚持德育首位、坚持理论联系实际等，在精神层面，指出用红色资源蕴藏的爱国精神、科学精神、团队精神、先锋精神来武装头脑，传承红色基因。[3]张爱民等认为，要在学校思政工作中融入红色文化、弘扬延安精神，课堂尤其是思政课堂是"主渠道"，党日、团日活动则是重要阵地，以社团活动为主体的校园文化是重要载体，以网站、微信公众号、微博为主体的新媒体是不可忽视的新平台。[4]

　　除青少年思政教育外，红色资源也是对广大党员干部进行党性教

［1］ 张岩、程蕊：《红色文化融入地方高校思政课教学的价值意蕴与路径选择——以大别山精神为例》，《广西青年干部学院学报》2022年第3期。
［2］ 柯燕、黄全花：《"红色"资源在西藏高校"思政课"教学中的运用——以"老西藏精神"为例》，《西部素质教育》2019年第22期。
［3］ 张振华：《红色资源独特育人功能探析——以北京理工大学延安精神为例》，《北京教育（高教）》2023年第3期。
［4］ 张爱民、王欣：《新形势下红色文化融入高校思想政治工作创新探究——以延安精神为例》，《襄阳职业技术学院学报》2021年第3期。

育的独特资源。王旭宽以井冈山干部学院探索出的"井冈模式"为例，剖析要发挥红色资源的独特效果，关键在于转化，即通过耳闻目睹红色资源的物质层面，真正领悟红色资源的精神层面，并内化为其思想意识的有机组成部分，具体路径为：坚持历史性与时代性相结合，提高党性教育的针对性；坚持思想性与情感性相结合，提高党性教育的生动性；坚持内容选择与形式创新相结合，提高党性教育的说服力；坚持教学引导与自身体验相结合，提高党性教育的感染力。[1]

3. 加强红色资源的展览展示

红色主题展览作为弘扬红色文化、利用红色资源的主要形式之一，发挥着不可忽视的传播与教育功能，是革命纪念馆、红色遗址旧址传播红色文化、弘扬伟大精神的重要窗口。郭艳芳在论及吕梁红色文化资源保护与开发时指出，落实革命文物陈列布展专项经费，着力策划打造主题突出、导向鲜明、内涵丰富的革命文物陈列展览精品，及时补充体现时代精神的展陈内容，是弘扬吕梁精神的重要途径。[2]

目前，学界有针对具体单个展览进行策展理念的分享思考，分析如何在实操层面通过展览弘扬伟大精神，如中共一大纪念馆举办的全国首个以伟大建党精神为主题的大型特展"伟大精神铸就伟大时代——中国共产党伟大建党精神专题展"，通过数百件文物文献、多类创意展项和互动体验模式，以共情式表达手法传递伟大建党精神的内涵和实质，展示在伟大建党精神引领下党和人民的百年奋斗历程。中国科技馆自主开发策划了"赤子丹心——与党同龄的科学家"主题

［1］王旭宽：《精神内化：运用红色资源开展党性教育的实践——以中国井冈山干部学院为例》，《中国井冈山干部学院学报》2014年第1期。

［2］郭艳芳：《弘扬吕梁精神　传承红色基因——谈吕梁红色文化资源保护与开发》，《党史文汇》2022年第10期。

展览，从主题策划、展示方式、策展机制等方面，分析展览如何从展现科学家精神的角度进行取舍、塑造展示丰满立体的科学家形象。[1]再如孙莉等以中国第二历史档案馆举办的"庆祝建党百年　弘扬革命精神——'新四军与南京'史迹展"为例，阐述了档案类展览在选题、内容体系构筑和展品诠释等层面弘扬新四军精神的具体途径。[2]此外各地虽不以直接的精神作命名，实则处处体现主题或人物精神的红色展览更是不胜枚举。

4. 促进红色资源与红色旅游协同发展

红色旅游景区是红色文化与红色旅游相结合的产物，是传承和赓续红色文化的重要途径之一。红色旅游景区在文化空间中，在习近平新时代中国特色社会主义思想指导下讲述红色历史，实现红色革命精神宣传教育的目的，构筑起新时代社会现实秩序中的主体意识，实现了物质和非物质层面红色文化的传承与弘扬。

随着旅游产业的迅猛发展，红色旅游与红色资源协同发展的相关研究成果也十分丰富，研究者往往以特定地区的红色旅游为样本，根据实证调查结果发现具体问题、给出具体分析。如邵鹏宇等以游客对黄桥古镇的红色文化感知为切入点，通过问卷深度调查了黄桥古镇传承和弘扬黄桥战役精神的现状，指出红色景区应在整合红色文化资源、建设红色旅游品牌、重视红色精神教育等方面加大力度。[3]李

［1］张磊巍、张彩霞：《弘扬科学家精神主题展览的策划与实践——以"赤子丹心——与党同龄的科学家"主题展览为例》，《自然科学博物馆研究》2022年第4期。

［2］孙莉、郗贤召：《档案展览的主题和内容设计初探——以"庆祝建党百年　弘扬革命精神——'新四军与南京'史迹展"为例》，《中国档案》2021年第7期。

［3］邵鹏宇、孙紫恒、宋笑大、吴朝阳：《红色旅游景区传承和弘扬中国共产党人精神谱系的现状调查和路径分析——以黄桥古镇和黄桥战役精神为例》，《无锡职业技术学院学报》2022年第4期。

磊等聚焦长征国家文化公园建设这一国家战略，结合 154 处长征文化重点红色旅游资源的网络关注度分析结果，认为长征国家文化公园建设应以重点红色旅游资源为基础，围绕高高、高低、低高、低低四种不同类型资源制定相应的发展策略，并结合不同区域的发展情况分别采取"节点""斑块""廊道"相结合的发展模式。[1]

5. 推动红色资源的数字传播

伴随数字技术的飞速发展，数字化已经渗透到人们生活的方方面面，在新时代，以数字化为载体，开发与利用红色资源，从而传承与传播伟大精神具有一定的必要性和可行性，受到了学界一定程度的关注。如陈红娟剖析了利用数字动画开发红色资源、弘扬延安精神的优势，从品牌打造、借力新媒体、开发产业链等方面论述了延安精神红色文化数字动画传承与传播的创新路径。[2]孔勇等介绍在红色场馆中引入 VR 技术提升受众体验的案例，指出 VR 技术与建筑空间设计的巧妙结合，可以使受众非常直观地感受到沂蒙精神的文化内涵，进而能够更好地传播沂蒙精神。[3]

（四）红色资源的活用困境

如前所述，当前红色文化热在中国大地蓬勃兴起，政界重视程度提升、学界研究数量激增、红色文化产业链不断延展、红色资源开拓

---

[1]　李磊、陶卓民、赖志城、李涛、琚胜利：《长征国家文化公园红色旅游资源网络关注度及其旅游流网络结构分析》，《自然资源学报》2021 年第 7 期。

[2]　陈红娟：《延安精神红色文化的数字动画传承与传播研究》，《今古文创》2022 年第 27 期。

[3]　孔勇、李晴、孙月杰：《VR 技术背景下的沂蒙精神红色文化场馆设计探究》，《建筑科学》2022 年第 9 期。

利用方式更加多元。这一现象固然能对人们了解红色资源、感悟红色文化起到积极作用，但与党中央大力弘扬革命传统、用好红色资源的真正核心目的，即将红色资源真正用好用活、融入广大人民的日常生活还存在一定的差距，这背后的主要原因是各界对于如何用好红色资源还存在本体论、认识论和实践论等方面的困境。全面认识、正确看待这些困境，对于发挥好红色资源的传播教育效能具有重要意义。

1. 本体论困境：对红色资源的概念范围界定仍不清晰

目前学界及各级各类红色资源的保藏单位对于红色资源的认识研究仍有欠缺，主要体现在研究视角不够全面、研究问题不够深入、研究论证不够严密等。其一，如前所述，关于红色文化、红色资源、红色文化资源等概念的辨析程度不够，未能真正凸显红色资源在红色文化体系中的关键作用与资源特性；其二，未能充分认识到红色资源是百余年党史的物化载体，尤其缺少将红色资源与中国共产党人精神谱系联系起来的认识；其三，对于红色资源其他文化资源，如中华民族优秀传统文化、社会主义先进文化等其他文化体的内在联系发掘度不够；其四，对于红色资源的当代价值意蕴认识不足，部分宣传主体对红色资源的理解仅停留于新民主主义革命时期产生的文化资源，缺少对新中国成立后尤其是新时代红色资源的挖掘和延续；另外，未能深刻认识红色资源不仅是革命在各阶段的历史产物，更重要的是其当代形态是经过历史的沉淀和辩证反思与时代融合后呈现的新样态，是一个与时俱进、不断发展的文化形态，由此缺乏对革命年代红色资源的当代阐述。

2. 认识论困境：红色资源在当前经济环境下的接收阻碍

在当前经济大环境下，市场和社会力量对红色文化的参与引入，使得红色文化的传播发展得到迅速提升，但也导致了部分传播效果与政府倡导红色文化传播的初衷有一定的差距，出现红色文化宣传肤浅化、娱乐化等现象。红红火火的红色文旅，有的为了追求经济效益重形式轻内容，一定程度上淡化了红色文旅、红色研学的真正目的。"黄牛"恶意抢票、倒票加剧了热门纪念馆和红色景区排长队、难预约、"一票难求"等现象，而违规旅行团的介入更导致质次价高、戏说历史、游而不学等乱象。尽管政府已经通过采取各项措施来匡正已经出现的急功近利等现象，但这些现象依然存在并影响了红色文化的严肃性，进而影响了红色资源的传播效果。

3. 实践论困境：红色资源的教育、传播效能不足

红色资源区别于红色文化等概念的关键要义在于前者具有实用性和有效性，这也进一步决定了红色资源的实践性，而实践的根本目的在于红色文化的教育与传播。然而，步入信息爆炸的时代，各种碎片化、零散化、日常化的新媒体和即时讯息消解了宏大叙事对受众的吸引力，以往侧重于宏大叙事的传播策略也让红色历史、红色文化的传播面临着无人聆听、无人对话、无人接收的困境，红色文化有陷入"选择危机"和"接收危机"的风险，这体现在红色故事的阐释力度不足、红色教育的价值内涵不深、红色文化的传播方式单向等方面。在数智技术愈发成熟多元、传播环境日益鱼龙混杂的情况下，红色文化能否成功破局出圈，关键仍在于能否真正利用红色资源讲好真实感人、贴近生活的红色故事，通过精神意义与时代价值的融合共生，真正融入民众的日常生活。唯有在日常生活不断重复和潜移默化，才能内化到民众的思维和行为习惯中。

第二节　上海用好红色资源的时代要求

作为党的诞生地和改革开放的排头兵、创新发展的先行者，上海在革命、建设、改革、发展的不同历史时期都留下了浓墨重彩的印记。在新时代、新征程的历史节点上，上海以弘扬伟大建党精神为核心使命，以建设习近平文化思想最佳实践地为思想引领，将人民至上的城市建设理念融入上海红色文化的发展建设格局。这不仅是保护、传承红色资源的需要，更是上海建设具有世界影响力的社会主义现代化国际大都市的应有之义。

一、精神源头：传承与弘扬伟大建党精神

伟大建党精神作为一次重大理论创新，不仅是对中国共产党创建时期精神的提炼，更是对党百年精神形态的高度概括。上海作为党的诞生地，既是伟大建党精神的孕育地，也是红色文化建构的起点，数量众多的红色资源见证了中国共产党在上海的奋斗足迹，是伟大建党精神呈现的重要载体。弘扬伟大建党精神是上海必将肩负的历史重担，也是用好红色资源的根本目的与价值旨归。

（一）伟大建党精神的提出与历史意义

2021 年 7 月 1 日，习近平总书记在庆祝中国共产党成立 100 周年大会上首次提出了"坚持真理、坚守理想，践行初心、担当使命，不怕牺牲、英勇斗争，对党忠诚、不负人民"的伟大建党精神，并指出这是"中国共产党的精神之源"，强调要继续弘扬光荣传统、赓续

红色血脉，永远把伟大建党精神继承下去、发扬光大。2022年，党的二十大报告的主题中提出"弘扬伟大建党精神"，将伟大建党精神放在崭新的历史高度。党的二十大闭幕不到一周，习近平总书记率领中央政治局常委瞻仰延安革命纪念地时，再次强调"要弘扬伟大建党精神"。深刻把握伟大建党精神的内涵及其意蕴，对于走好第二个百年奋斗路、交上新长征新赶考的优异答卷具有重大意义。

　　几乎同时期，2021年9月29日，经党中央批准、中央宣传部梳理的第一批纳入中国共产党人精神谱系的46种伟大精神[1]正式发布，初步回答了什么是中国共产党伟大精神、什么是中国共产党人精神谱系的重大问题，为建立这一精神谱系立下了规矩，为研究这一精神谱系指出了方向，也为进一步完善这一精神谱系打下了基础。

　　伟大建党精神，既是中国共产党的精神之源，是对中国共产党百年征程的高度概括、对前期奋斗历史经验的高度总结；更是中国共产党人精神谱系的高度凝练，是实现第二个百年目标的奋斗之基、精神支柱和动力指引。以伟大建党精神为源头的中国共产党人精神谱系，集中彰显了中国人民的伟大创造精神、伟大奋斗精神、伟大团结精神、伟大梦想精神，是百余年来中国人民精神觉醒的理论表达，是

----

[1]　46种伟大精神包括：建党精神；井冈山精神、苏区精神、长征精神、遵义会议精神、延安精神、抗战精神、红岩精神、西柏坡精神、照金精神、东北抗联精神、南泥湾精神、太行精神（吕梁精神）、大别山精神、沂蒙精神、老区精神、张思德精神；抗美援朝精神、"两弹一星"精神、雷锋精神、焦裕禄精神、大庆精神（铁人精神）、红旗渠精神、北大荒精神、塞罕坝精神、"两路"精神、老西藏精神（孔繁森精神）、西迁精神、王杰精神；改革开放精神、特区精神、抗洪精神、抗击"非典"精神、抗震救灾精神、载人航天精神、劳模精神（劳动精神、工匠精神）、青藏铁路精神、女排精神；脱贫攻坚精神、抗疫精神、"三牛"精神、科学家精神、企业家精神、探月精神、新时代北斗精神、丝路精神。

中国共产党在中国道路的百余年历程中逐渐积淀而成的，集中体现中国共产党人红色基因和革命文化的精神结晶，是"更为主动的精神力量"。[1] 这些宝贵精神财富跨越时空，历久弥新，是新时代中国共产党人的精神力量源泉，在新征程上能够为立党兴党强党提供丰厚滋养，为全面建设社会主义现代化国家提供精神支撑，为全面推进中华民族伟大复兴提供精神动力。对伟大建党精神与中国共产党人精神谱系进行系统深入研究，推进广泛实践应用，从而加深全党对伟大建党精神的学习理解，强化全党对伟大建党精神的贯彻实践，对阐释贯彻落实党的二十大精神具有重要的实践价值。

（二）大力弘扬伟大建党精神是上海肩负的时代重任

2017年，习近平总书记在上海瞻仰中共一大会址时指出"这里是中国共产党人的精神家园"，强调"这里是我们党的根脉"。2022年，在伟大建党精神提出一周年之际，上海市第十二次党代会把"弘扬伟大建党精神"写入报告主题。上海是一座革命之城、光荣之城，在伟大建党精神的孕育、形成和发展中，上海的地位和作用都是举足轻重的。作为中国共产党的诞生地和初心始发地、伟大建党精神的孕育地、社会主义建设的重要基地、改革开放的前沿阵地和新时代的排头兵、先行者，做好伟大建党精神的传承弘扬和践行光大，做好伟大建党精神的研究、阐释、宣传和推广，上海肩负着历史和时代赋予的重任。

---

[1]《中共中央关于党的百年奋斗重大成就和历史经验的决议》，人民出版社 2021 年版，第 61 页。

自伟大建党精神提出以来，各界迅速行动起来开展研究、阐释、宣传工作。根据中共一大纪念馆策划编辑的《伟大建党精神研究动态》统计，仅在2021年7月至2022年7月一年的时间，学界就公开发表了2000余篇探讨伟大建党精神的期刊论文和报纸文章，举办49次公开报道的重要学术会议。在这一研究热潮中，上海也走在了全国的前列。2021年7月14日，中共上海市委宣传部、中共上海市委党校、中共上海市委党史研究室发起成立"上海市中国共产党伟大建党精神研究中心"。同年10月13日，教育部、上海市共同成立了"高校中国共产党伟大建党精神研究中心"。在具体工作推进中，上海加强谋划协调，突出重点亮点；组织推出高质量研究成果，组织各类学术研讨活动，推动深入开展各类课题研究，编发伟大建党精神研究动态学术简报，将研究阐释成果融入理论宣讲和专题党课思政课堂，举办伟大建党精神专题展和推进伟大建党精神全国巡展。数据显示，2021年至2024年间，上海陆续有43家机构加入"弘扬伟大建党精神"的研究队伍中，所产出的众多研究成果中，有89篇研究论文被中国知网（CNKI）数据库收录，不少高质量的理论文章相继发表在《人民日报》《中国社会科学报》《马克思主义理论学科研究》《毛泽东邓小平理论研究》《理论月刊》《红旗文稿》等全国重点刊物上。其中，华东师范大学、上海大学、上海师范大学、中共上海市委党校、上海交通大学等机构发文数量较多，为推动伟大建党精神的研究作出了重要的理论贡献。

如上所述，伟大建党精神在党的二十大报告中占据重要地位，是全面掌握二十大精神的关键章节。深入研究阐释伟大建党精神，大力弘扬伟大建党精神，强化伟大建党精神实践研究，对全面认识和准确把握党的二十大精神具有重大的指导意义。但精神不能凭空存在，必须要有实质性载体。用好用活丰富的红色文化资源、大力弘扬伟大建党精神，是探寻理解"中国共产党为什么能"的精神密钥。新时代，我们要继续加强红色文化资源的传承传播，大力弘扬以伟大建党精神为源头的中国共产党人精神谱系，把丰富的红色文化资源留给当下和未来，将红色基因代代相传。因此，在研究、阐释、宣传、贯彻党的二十大精神过程中，如何以弘扬伟大建党精神为根本基点传承、利用好红色资源，是一项亟待推进、影响深远的实践课题。

二、思想引领：建设习近平文化思想最佳实践地

习近平总书记指出："宣传思想文化工作事关党的前途命运，事关国家长治久安，事关民族凝聚力和向心力，是一项极端重要的工作。"2023年10月召开的全国宣传思想文化工作会议首次提出"习近平文化思想"，这是对新时代文化建设的科学总结和理论升华，具有高度的科学性、人民性、实践性、开放性品格，标志着中国共产党对中国特色社会主义文化建设规律的认识达到了新高度。

习近平文化思想是上海市传承利用红色资源的思想引领与根本遵循。一方面，习近平文化思想包含有一系列关于红色文化的新思想新观点新论断，有着深刻的红色底蕴，为上海用好红色资源提供了思想基础和基本指引；另一方面，上海传承利用红色资源的实践均包含在上海市打造文化自信自强的上海样本、建设习近平文化思想最佳实践

地的行动全局中。

（一）红色文化是习近平文化思想的重要构成

习近平关于红色文化的原创性论述是习近平文化思想的重要构成，其中不仅将红色文化作为重要思想来源，而且进一步扩充了红色文化的时代内涵，为坚持中国共产党的文化领导权、推进社会主义文化强国建设、筑牢中国共产党人理想信念提供了强力支撑，彰显了习近平文化思想的理论品格。[1]

在有关于红色资源的论述中，习近平注重运用红色文化资源丰富文化建设的内容、载体及形式。对于红色资源的重要价值，习近平指出"红色资源是不可再生、不可替代的珍贵资源"；[2]对于红色资源的传播利用，他还专门论及了多种如何挖掘红色资源背后的故事，例如以长征途中"半截皮带"的故事展示了"铁心跟党走"的坚定信仰，表示要发掘好、运用好这些红色资源，丰富"红色基因代代传"工程内涵，直接将丰富和发展红色文化视为一种工程；针对红色资源的保护管理，他则格外重视过程的科学性："建红色纪念设施要恰当，不要贪大求洋，不要搞一堆同红色纪念毫不相干的东西、甚至是影响红色纪念发挥作用的东西。"[3]红色资源的系列论述，不仅引出了红色文化资源的传承问题，也为全国各地以红色资源发展宣传文化工作提供了基本的思想指引。

---

[1] 张莹、樊士博：《习近平文化思想的红色底蕴》，《山西高等学校社会科学学报》2024年第4期。

[2] 习近平：《用好红色资源 赓续红色血脉 努力创造无愧于历史和人民的新业绩》，《求是》2021年第19期。

[3] 习近平：《在河北省阜平县考察扶贫开发工作时的讲话》，《求是》2021年第4期。

（二）用好红色资源是上海建设习近平文化思想最佳实践地的必然要求

在全国宣传思想文化工作大格局中，上海地位特殊、作用独特。习近平总书记一直以来十分关心上海宣传思想文化工作，亲自为上海擘画建设社会主义国际文化大都市的发展目标，亲自为上海提炼城市精神和城市品格，对上海一系列工作提出明确要求。2023 年，习近平总书记在上海考察时对上海的宣传思想文化工作作出重要指示，再次强调要传承弘扬红色文化、用好一大会址等红色资源，弘扬伟大建党精神。这对上海全力打造文化自信自强的上海样本、建设习近平文化思想最佳实践地提出了根本遵循和关键要求，也凸显了红色资源在践行习近平文化思想过程中的关键载体作用。

2024 年初，上海市委审议通过《上海市建设习近平文化思想最佳实践地行动方案》（以下简称《行动方案》），成为上海落实习近平文化思想的施工图。《行动方案》既立足全局性、系统性，又聚焦突破性、引领性，设计了九大行动、30 项重点工程，覆盖宣传思想文化工作领域的方方面面。其中，《行动方案》将"党的诞生地红色文化传承弘扬行动"列为重点行动之一，将精神家园守护工程、伟大建党精神研究工程、红色文化传扬工程视作建设习近平文化思想最佳实践地的重点任务，指出要"构建红色资源保护利用大联动格局，打造红色资源高地"，"打造与党的诞生地崇高地位相匹配的红色文化研究高地"，"健全全方位、全覆盖红色文化宣传教育体系，打造红色故事传播高地"等，为上海各界传承利用红色资源提出了具体指导，也彰显了上海红色资源的发掘、赓续和传扬须放在上海文化建设的全局中考量。让上海的红色资源"活起来"，是新时代上海文化发展的重要组成部分；用好红色资源，是上海市建设习近平文化思想最佳实践地的应有之义与必然要求。

三、人民至上：以红色文化涵养上海的城市品格

红色文化"人民至上"的价值立场，既与中华优秀传统文化相契合，又有着马克思主义基本原理的理论底色，还被中国共产党百余年奋斗的伟大实践所支撑。红色文化是融入上海城市发展血脉的时代基因，红色文化中蕴含的人民至上的价值理念与上海"人民城市"的发展理念相一致，为科学理解和合理利用红色资源提供了价值指引。

（一）人民性是用好红色资源的价值旨归

如前文所述，人民性是红色资源的根本特征之一。人民是红色文化的创造者，人民至上是红色文化的价值旨归，这深刻彰显了中国共产党人的初心使命——为中国人民谋幸福、为中华民族谋复兴。红色文化正是通过凝练百余年来党和人民不畏困苦、勇于奉献的奋斗品质，以物质与文化载体深刻诠释了党的人民立场，反映了党领导人民群众攻坚克难的创新精神。人民立场是把握好传承好红色文化、保护好利用好红色资源的方向和着力点，也是深入理解红色文化跨越百余年精神魅力的关键所在，这种魅力正在于党和国家始终坚持将人民立场作为文化发展的根本立场，一方面依靠人民群众的主体创造性和集体智慧，创造出更加先进的文化形态；另一方面，坚持文化发展服务于人民，真正实现了让文化发展成果惠及全体人民。

（二）用好红色资源是上海建设人民城市的应有之义

"人民城市人民建，人民城市为人民"是习近平总书记"人民城市"理念的核心内容，贯穿于上海文化发展建设的总体脉络始终。近年来，上海将促进人民精神生活共同富裕作为新时代上海文化建设的出发点和落脚点，把最好的文化资源留给人民，把依靠人民、造福人民、歌颂人民、扎根人民贯穿文化建设各领域全过程，塑造人性化城市、人文化气息、人情味生活，打造全民共建共治共享城市文化发展模式，保障人民群众基本文化权益。这一过程中，上海市积极利用红色资源来培养红色文化"人民至上"的价值内涵，以红色文化涵养上海"人民性"的城市品格，进一步擦亮了上海"人民城市"的鲜亮底色，对以红色文化满足人民日益增长的美好生活需要提出了新的要求。

一是关注人民需求，增强红色资源惠及大众的有效性。随着上海日益打造全民共建共治共享城市文化发展模式，上海红色资源保护利用工作也日益健全、持续推进，这反过来要求有关部门、相关机构推出更多满足人民文化需求的高质量红色文化产品。其一，这类产品和服务应当提前做好观众调研与前置评估等工作，依靠并接受人民的评价批判，建设特色鲜明、符合当地人民需求的各级各类文化设施；其二，以人民大众喜闻乐见、潜移默化的形式润泽受众心灵，从而真正做到以红色资源为抓手促进党史学习教育常态化长效化。

二是站稳人民立场，突出红色资源助力美好生活的亲和力。用好红色资源的根本在于红色文化的传播与教育，教育的人民性首先在于平等地惠及与触达。正如有学者指出，当前红色文化是"既在场的又不在场的",[1]"在场"指红色教育、红色资源等现实存在;而"不在场"则更多揭示了红色资源蕴藏的观念、价值和意义未能完全内化于民众内心,成为影响民众日常行为的准则,为此应推动红色文化融入市民日常生活场景,以红色文化凝聚人民对城市的向心力,增强人民对城市的认同感与归属感,营造和谐、富有人性的城市发展氛围。

三是发挥人民力量,充分调动群众参与红色文化创新的主动性。党的二十大报告明确要求:"激发全民族文化创新创造活力,增强实现中华民族伟大复兴的精神力量。"[2]文化发展不能因循守旧、墨守成规,只有激发人民群众的创造智慧、释放人民群众的创新活力,才能获取源源不断的精神动力,这也是红色文化发展的应有之义。要涵养上海城市的红色文化底蕴,应充分调动广大人民加入红色资源的保护、管理与弘扬工作中,激发市民的责任感、归属感与参与感,自发自觉做红色文化的传播者、创造者。如发挥志愿者在红色文化服务方面的积极作用,鼓励社会力量参与红色文化设施运营和产品供给,通过政府购买教育服务提升红色资源传播教育标准化、均等化水平等。

---

[1]　杨海霞:《红色文化的内化困境及对策探析》,《思想政治教育研究》2020年第4期。

[2]　习近平:《高举中国特色社会主义伟大旗帜　为全面建设社会主义现代化国家而团结奋斗——在中国共产党第二十次全国代表大会上的报告》,人民出版社2022年版,第43页。

第二章
上海红色资源的基本特征

习近平总书记 2019 年 11 月在上海考察时强调："上海是我们党的诞生地，党成立后党中央机关长期驻扎上海。上海要把这些丰富的红色资源作为主题教育的生动教材，引导广大党员、干部深入学习党史、新中国史、改革开放史，让初心薪火相传，把使命永担在肩，切实在实现'两个一百年'奋斗目标、实现中华民族伟大复兴的中国梦进程中奋勇争先、走在前列。"

红色是上海城市文化的底色，在全国的红色文化格局中，上海有着丰富、独特的红色文化资源。从历史的维度来看，上海是中国共产党的诞生地，是中国共产党中央委员会的早期所在地，更是中国工人阶级的发源地和改革开放的前沿，拥有以建党历史为核心的丰厚红色资源；从实践的角度看，上海始终以伟大建党精神为引领，牢牢把握住"党的诞生地"这一基本定位，将守护中国共产党人的精神家园这一使命任务落实在顶层设计、科学管理、弘扬传播的各个具体工作当中；从文化发展的格局来看，红色文化与上海的江南文化、海派文化共生共荣，共同孕育涵养了上海独特的精神气质与文化品格，红色文化在"三大文化"的交织中不断派生、发展、升华。

城市的活力源于精神与文化的力量。红色资源是上海红色文化的物质载体和具象呈现，上海要续写光荣和梦想，须在把握好上海红色资源基本特征的基础上，进一步把红色资源利用好、红色基因传承好、红色传统发扬好，把红色血脉和城市文脉贯通起来。

第一节　历史之维：以建党资源为核心串联百年党史脉络

上海不仅是中国共产党的诞生地、初心始发地和伟大建党精神孕育地，也是重大国家战略的承载之地，在革命、建设、改革开放和中国特色社会主义新时代等时期均形成了丰富多元、彰显上海特点的红色资源，呈现出底蕴深厚、数量众多、特色鲜明、内容丰富的格局，以"党的诞生地"为源头、贯穿百余年党史的红色基因融入城市根脉。上海红色资源承载了伟大建党精神在上海的孕育、践行和发展，见证了上海这座光荣之城在中国共产党波澜壮阔的奋斗史中的突出贡献、独特地位和重要作用。

一、建党历史是上海红色资源的核心与源头

上海是中国共产党的诞生地和中共中央早期所在地，拥有见证党创建历程的重要红色资源。例如，中国共产党发起组成立地（《新青年》编辑部）旧址、中国社会主义青年团中央机关旧址等；也拥有

从 1921 年 7 月中共一大召开、中国共产党正式成立到 1933 年 1 月中共临时中央政治局迁往中央苏区，这 12 年间的中共中央领导机关旧址。目前，上海拥有确切地址的各类中共中央在上海的机关旧址遗址达 30 余处，包括重要会议旧址遗址（如中共一大会址、中共二大会址、中共四大遗址），重要机关旧址遗址（如中共中央政治局机关旧址、中共中央军委机关旧址、中共中央组织部遗址、中共中央宣传部遗址、中共中央秘书处机关旧址、中共中央特科机关旧址等），重要机构旧址遗址（如又新印刷所旧址、中共中央第一座无线电台遗址、《布尔塞维克》编辑部旧址）等。

上海作为近代中国最大的经济中心和工商业城市，不仅是中国工人阶级的摇篮和工人运动的重镇，也是党的统一战线政策的提出地和重要实践地。1922 年中共二大首次提出党的统战政策，开启百年统战实践序幕。党充分运用统一战线平台，开展组织、宣传以及工人、青年、妇女等群众工作，使上海成为国民革命的重镇。大革命失败后，党领导左翼文化运动，以上海为中心向各大中城市辐射，冲破国民党的文化"围剿"，为推进人民革命和抗日救亡运动的发展，发挥了宣传号角的作用。抗战胜利后，上海成为全国和平民主运动的中心、各党派的活动中心。中国共产党与各民主党派同舟共济。党不断扩大人民民主统一战线，推动形成反对国民党统治的第二条战线，直至里应外合解放上海。许多开创性的统战工作从上海起步，党史上许多重要统战事件发生在上海，许多重要统战人物活动在上海，上海的统战红色资源熠熠生辉。比如，中共二大会址、孙中山故居、第一次国共合作时期国民党上海执行部旧址、中共代表团驻沪办事处旧址（周公馆）等。

二、拓宽红色资源的时空范围是弘扬伟大建党精神的应有之义

改革开放以来，上海肩负改革开放排头兵、创新发展先行者的光荣使命，成为展示中国现代化建设成果的重要窗口，结出了一个又一个创新的硕果。然而，相较于新民主主义革命时期的红色资源，上海对于新中国成立以来红色资源的保护与利用仍显不足，但其基本格局已然呈现，亟待发掘、阐释与传播。拓宽红色资源的时空范围是上海赓续、传扬以伟大建党精神为源头的中国共产党人精神谱系的应有之义，必将成为上海下一步红色文化建设的重点工作。

20世纪90年代初，随着苏联解体、东欧剧变，国际格局和形势呈现错综复杂的局面，如何发展社会主义经济、建设社会主义国家，不仅是摆在党和国家面前的难题，更是攸关社会主义制度存亡的抉择。开发开放浦东是中国共产党面对重大历史挑战作出的重大战略决策，从此，中国的改革开放掀开了新的历史篇章，也向世界展示了中国共产党要带领全国各族人民走向富强的决心和信心。浦东新区从一片荒芜的农田成长为世界级金融中心，中国第一个保税区、第一个证券交易所、第一家进入中国的外资银行纷纷在浦东拔地而起。[1]进入21世纪，浦东开启了综合配套改革试点的历史进程，中国第一个自贸试验区在这里诞生。与之相关的重要建筑、地点不仅是中国式现代化的最好证明，也必将进一步划入上海红色资源的图谱，为下一代人贮藏与涵养新的精神资源。

---

[1] 王元：《上海红色文化资源与城市精神的互动》，《上海文化》2023年第10期。

展现上海改革开放成就的另一重要地点是位于浦东大道 141 号的浦东开发陈列馆，该馆中的陈列以体现浦东精神的艰苦创业故事为主线，通过这栋承载历史、装满故事、彰显精神的小楼，借助于实物陈列、场景复原和多媒体回放，真实再现了浦东开发的时代背景和历史进程。这里曾经是东昌工人俱乐部、浦东文化馆，直到 1990 年，上海市人民政府浦东开发办公室在此挂牌成立，让这里成为浦东改革开放的起点。时至今日，"141 号"已经成为浦东开发开放的历史图腾和精神符号，正在向世人讲述上海如何在改革开放时期赓续红色基因的故事。

应当说，上海见证了中国站起来、富起来并迎来强起来的伟大飞跃，其变迁发展过程不仅淋漓尽致地展现了海纳百川、追求卓越的城市精神，还生动诠释了中国共产党领导的显著优势，充分彰显了中国特色社会主义制度的优越性，也使上海成为展示中国式现代化成就的最重要的窗口，是向世界展示中国理念、中国精神、中国道路的生动范例。要呈现上海在百余年党史进程中的完整脉络与重要地位，就必须将新中国成立后的一批重要遗址遗迹纳入红色资源范畴，以点连线带面地串联起中国共产党人的精神谱系，这既是上海红色资源的重要优势，也是上海进行下一步红色文化建设工作的潜力所在。

第二节　实践之基：以"党的诞生地"彰显城市底色亮色

上海在红色资源的传承、保护和利用方面一直走在全国前列，且始终牢记"党的诞生地"这一使命任务，是上海创新利用红色资源的实践基点所在。

2020年起，上海开展红色资源普查，对新民主主义时期在中国共产党直接领导下的红色资源进行了排查摸底，形成了上海市第一批红色资源名录。名录包括两大类：重点旧址、遗址、纪念设施或场所类，共612处，包括旧址228处、遗址279处、纪念设施105处；重要档案、文献、手稿、声像资料和实物类，共236件/套。这些红色资源，生动地反映了中国共产党在上海的诞生以及中共中央早期在上海发动领导的一系列重大革命斗争中走过的艰难曲折的风雨历程，揭示了中国革命道路的曲折和艰辛，是特别宝贵的革命实物和精神财富，也是上海得天独厚的革命历史资源。此后，对于这一批红色资源，如何更好地保护好、管理好、开发好、利用好，各地区各相关条线都开展了积极调研，对如何加强上海的红色资源保护利用提出了许多建议。

而作为目前全国唯一一个将"传承弘扬"放入名称的地方红色立法，《上海市红色资源传承弘扬和保护利用条例》（以下简称《条例》）创新性地将"传承弘扬"设为专章，位列"保护管理"专章之前，设计内容占据整个条例的四分之一篇幅，对全国范围的红色资源传承弘扬起到了创新引领作用。《条例》也首次对红色资源的内涵作出了明确界定，为有效保护与活化利用红色资源提供了较强的实操和示范价值，也为传承弘扬红色文化提供了重要的法律准绳和制度保障。《条例》与前期施行的《上海市文物保护条例》《上海市历史风貌区和优秀历史建筑保护条例》等法律法规相衔接，共同构建起系统、完善的红色资源传承弘扬和保护利用地方立法体系，对于贯彻落实习近平总书记重要指示精神，统筹整合全市红色资源，弘扬红色文化，传承红色基因，赓续红色血脉，培育和践行社会主义核心价值观等具有十分重要的政治意义、现实意义和历史意义。

此外，以"党的诞生地"为城市的底色亮色，上海在红色资源的保护利用尤其是在法治支撑、科学保护、管理方法创新、党史（特别是中共中央在上海的革命历史）研究、伟大建党精神内涵挖掘、史料档案征集、学校思政教育、文艺作品创作、红色场馆展陈等各个方面中，作出了诸多有益尝试。为推动红色资源保护、传承与利用法治化、规范化，用好用活上海丰富的红色资源，努力建设建党历史资源高地、建党精神研究高地、建党故事传播高地，更好引导全市广大党员、干部和群众从百余年党史中汲取强大精神力量作出了长足的经验探索。下文还将围绕这些要点展开详细论述。

第三节　文化之网：融于上海"三大文化"的多元共生格局

上海的"三大文化"通常指红色文化、江南文化和海派文化，这三者共同构成了上海独特的文化生态，它们既各具特色，又相互交织，推动了上海的文化繁荣与发展。上海红色文化的一大特殊性就在于深度融于上海"三大文化"的共生格局，并且在其他两种文化的影响下成长壮大。要探索出上海红色资源的创新利用途径，应将红色文化纳入上海独特的文化格局中去考量，将红色资源融入与其他两种文化资源的联结共生关系中去考量。

一、"三大文化"兼容共生是上海文化建设的基本格局

红色文化、江南文化与海派文化三大文化兼容共生，这是上海文化格局的一大特色。2021年，上海印发《全力打响"上海文化"品牌　深化建设社会主义国际文化大都市三年行动计划（2021—2023年）》，提出要坚持以习近平新时代中国特色社会主义思想为指导，以用好用活红色文化、海派文化、江南文化资源为主线，全面助力上海城市软实力提升，并对"三大文化"在上海文化格局中各自的特点与作用进行了具体阐述，即在红色文化传承弘扬中彰显"上海文化"品牌建设凝心铸魂作用、在海派文化传播提升中彰显"上海文化"品牌建设聚力汇智作用、在江南文化发掘创新中彰显"上海文化"品牌建设培根固本作用。2024年初通过的《上海市建设习近平文化思想最佳实践地行动方案》中，也强调要创红色文化、海派文化、江南文化融合发展之新，以推动城市文化创新创造活力澎湃勃发。政策上的指引，为我们探讨"三大文化"的角色与关系奠定了基础。

近年来，正是围绕着这"三大文化"资源的创新发掘，上海开展了一系列丰富多彩的文化品牌活动，共同凸显了鲜明的上海文化标识。上海国际艺术节、上海国际电影节、上海书展已经成为全国知名文化活动品牌，博物馆、美术馆、剧场、优秀历史建筑、风貌保护街区等各类文化资源星罗棋布，10分钟公共文化圈初步形成，现代公共文化服务体系基本建成。

强调"三种文化"的融合发展、共生共荣，不仅把握住了上海文化开放融合的优秀特质，更为彰显上海这座社会主义现代化国际大都市的独特魅力提供了充分体现文化主体性的明确路径。"海纳百川、

追求卓越、开明睿智、大气谦和"的上海城市精神和"开放、创新、包容"的上海城市品格，成为城市发展的不竭动力，这是上海红色文化的生长沃土，也关涉上海用好红色资源的基本定位。故而，必须梳理并把握红色文化与江南文化、海派文化的紧密关系，方能进一步探讨红色文化如何在这一文化格局中交汇共生、红色资源如何与其他两种文化资源创新融合发展。

二、红色文化在江南文化、海派文化基础上派生升华

关于"三大文化"在上海文化格局中的各自定位，有学者认为红色文化指向人民城市建设的精神引领，江南文化连接人民城市建设的文化传承，海派文化则更注重融合与共生。[1]亦有说法提出，江南文化是上海的底色，海派文化是上海的特色，红色文化是上海的亮色，且进一步指出，江南文化是高地，海派文化是高原，红色文化是高峰，[2]深度剖析了三者扶植共生、循序渐进的深层次关联。无论如何，"三大文化"融会贯通，深深植根于上海人民的日常生活，丰富了上海的文化个性，铸就了上海这座城市特有的历史底蕴，使得上海城市文化更加多元，彰显出独特的古典与现代气质。

析毫剖厘，红色文化与其他两种文化究竟有着何种关联？从生成顺序上来说，三种文化有着明显的时间先后与承袭关系。自明清以

---

[1] 郑崇选、曹晓华：《建设习近平文化思想最佳实践地，"三种文化"融合发展是关键支撑》，上观新闻，2024 年 8 月 29 日。

[2] 夏斌：《江南文化是高地，海派文化是高原，红色文化是高峰》，上观新闻，2021 年 12 月 17 日。

来，本属松江府的上海便一直浸润于江南文化之中，备受儒家思想、理性实学的培养熏陶；海派文化则与江南文化有着直接的渊源关系，前者正是以后者为基础，吸纳了众多其他地域文化因素，经由上海这一国际大都市的集聚、熔铸、升华，最终形成了海纳百川的城市文化；而最后形成的红色文化，则是在江南文化、海派文化的基础上逐步发展派生而来的，"与江南文化、海派文化的关系，一如树木之于土壤"。[1]

江南文化是中国传统文化的重要组成部分，上海的发展离不开江南文化所提供的历史和文化土壤，近代上海人所体现的上述独立、自由、务实、自强、好学、创新、法治、爱国等特点，在传统江南文化中也能看到某些特点一定程度上的表现。江南文化重视教育、崇尚研究、追求社会进步，许多活跃在上海的中国共产党先驱人物，他们的革命思想与江南地区的学术氛围相呼应；江南文化的儒家传统强调社会责任和道德理想，这些思想也潜移默化地影响了红色文化中的革命精神与理想主义，激励着一代又一代革命志士投身于近代中国救亡图存的壮阔征程中。

经由近代上海城市集聚、熔铸与升华以后，江南文化的这些特征变得更为突出、耀眼，更具近代特性，从而造就了本土文化与外域文化相结合的海派文化，这一独特的文化形态正是以明清江南文化为底蕴，以流动性很大的移民人口为主体，吸纳了众多其他地域文化（包括岭南文化、八闽文化）因素，吸收了近代西方文化某些元素而形成

---

[1]　熊月之：《江南文化、海派文化及其与红色文化的关联》，《群众·大众学堂》2018年第4期。

的新型文化。中西方文化相融合是海派文化的最大特点。海派文化的包容与多元，促进了各种新思想的碰撞和传播，马克思主义等国际思想通过上海的开放环境迅速进入中国，并为中国革命提供了理论基础，为红色文化的革命思想提供了土壤；海派文化强调思想上的自由、独立和创新，这与红色文化的革命精神不谋而合；海派文化对封建礼教的批判、对社会进步的追求，正是红色文化所要达成的目标。可以说，海派文化为红色文化提供了一个开放包容的环境，推动了中国共产党早期活动在上海的开展。

可以说，江南文化为上海的红色文化提供了传统文化的历史背景和思想基础，尤其是在道德观念和社会责任方面的延续；海派文化则通过其包容、开放和多元的特点，为红色文化的发展提供了广阔的现代化舞台，使得革命思想能够在上海这座城市快速传播与生根发芽。这些多元文化建构了上海的城市品格与精神面貌，体现在具象的文化资源上。譬如，上海城市发展不同历史阶段的江南民居、花园住宅、里弄住宅、公寓住宅等建筑彰显了江南文化与海派文化的鲜明特点，而这些建筑民居很大程度上是当年革命活动的发生地、革命精神的承载地，红色文化由此与其他两种文化有了生命联结。而要揭示这类深层次联系，就有必要在故事的挖掘与传播上下功夫。

综上所述，上海红色文化在自身发展的同时，不断对江南文化和海派文化蕴含的优秀精神兼收并蓄，在继承文化的多元性基础上更加彰显上海的城市精神。[1]文化上的深度融合为资源利用带来了更多

---

[1] 孔亮、高福进：《上海红色文化资源的特色、优势及研究述评》，《上海文化》2020年第10期。

可能，因此，上海在创新利用红色资源的实践过程中，应当以开放多元的思想纳入对其他文化资源的诠释与考量，尝试提炼红色文化资源与江南文化资源、海派文化资源之间的接合点，更好地赓续城市文脉、谱写时代华章。

第三章
守护精神家园，打造建党历史资源高地

　　上海是党的历史上诸多重大事件、重要活动的发生地。中国第一个共产党早期组织在上海诞生，《共产党宣言》最早的中文全译本在上海出版，第一部《中国共产党章程》在上海制定，从 1921 年 7 月到 1933 年 1 月的 12 年间，党中央机关长期驻扎在上海，留下了许多红色印记。这些宝贵资源是上海作为党的诞生地的不朽丰碑，也是上海得以发挥红色资源效能的根基。近年来，上海从法治政策、勘察保护、资源管理、数字赋能等方面入手，切实做好红色资源保护工作，增强红色资源吸引力，坚持用红色资源铸魂育人，让革命精神代代相传。

第一节　起步：现有政策与法治供给

　　习近平总书记强调："规划科学是最大的效益，规划失误是最大的浪费，规划折腾是最大的忌讳。"政策与法治供给是红色资源传承利用事业的基石与支柱。上海注重红色资源保护利用的法制化与规范化，颁布实施全国首部红色资源相关地方性法规——《上海市红色资源传承弘扬和保护利用条例》，制定出台《上海市档案条例》。加大宣传和执法检查，各项法律法规不断完善，逐步构建起红色资源保护、传承、弘扬的长效法治保障。

一、出台《上海市红色文化资源传承弘扬和保护条例》

上海市委在推动各项工作部署中，特别注重通过立法工作，对红色资源的保护和利用提供明确的法律依据。《上海市红色资源传承弘扬和保护利用条例》(以下简称《条例》)是全国首部红色资源相关地方性法规，也是全国唯一一个在名称中体现"传承弘扬"的地方立法，是上海通过加强法治保障从而更好保护红色资源、传承红色基因的一项重要举措。不仅充分体现了上海红色资源的丰富性、多样性和首创性，更凸显出上海红色资源立法工作的创新性和引领性，彰显了上海作为中国共产党诞生地的突出地位。

2020年9月18日，市委常委会就红色资源保护利用进行专题研究，要求进一步加大对红色资源的研究挖掘、保护利用力度，加强法治供给，形成长效机制。为贯彻落实市委常委会精神，成立由市人大和市政府分管领导担任"双组长"的起草小组，由市委宣传部、市委党史研究室、市文旅局牵头相关部门，共同起草《条例》。制定工作自2020年9月启动，仅用8个月时间便完成了起草、论证、协调、审议等多个立法环节，于2021年5月21日由市人大常委会表决通过，7月1日起施行，在全国范围率先颁布地方性相关法规。

《条例》共8章58条，分为总则、调查认定、传承弘扬、保护管理、长三角区域协作、保障措施、法律责任和附则。上海市行政区域内红色资源的调查认定、传承弘扬、保护管理以及相关保障措施，都适用该条例。在体例上，《条例》创新性地将"传承弘扬"作为第三章，放在了第四章"保护管理"之前；而在内容上，"传承弘扬"一章共有15条，占条例篇幅的四分之一。相比外省市同类立法，上海纳入《条例》适用范围的红色资源对红色资源的定义最为宽泛，包含了物质资源和精神资源，并将红色资源的时间跨度，从新民主主义革命时期，延续至社会主义革命和建设时期、改革开放和社会主义现代化建设新时期和中国特色社会主义新时代，充分体现了本次立法的系统性和全面性。《条例》将公职人员培训写入立法，突出红色资源的教育作用。首次将红色资源周边的环境整治写入立法，还提出了联席会议机制、名录制度、长三角联动等多个全国独有的体制机制和创新举措，明确任何单位和个人都有依法保护红色资源的义务，不得破坏、损毁、侵占或者歪曲、丑化、亵渎、否定红色资源。

《条例》同时对不可移动及可移动的红色资源实施分类保护。

首先，对红色旧址、红色遗址、纪念设施或者场所等不可移动的红色资源实施分类保护：一是属于不可移动文物、优秀历史建筑、烈士纪念设施的，按照国家和上海市有关规定，通过划定保护范围、建设控制范围等方式予以保护，并依法采取相应保护措施。二是不属于不可移动文物、优秀历史建筑、烈士纪念设施的红色旧址，位于历史风貌区内的，可以通过历史风貌区保护规划确定为需要保留的历史建筑予以保护；位于历史风貌区外的，参照需要保留的历史建筑予以保护。三是不属于不可移动文物的红色遗址，通过设置纪念标识予以保护。四是不属于烈士纪念设施的其他纪念设施或者场所，按照公共文化设施、城市雕塑等有关管理规定，实施保护管理。

其次，对可移动的红色资源分两类实施保护：一是属于红色资源名录中的可移动文物、档案等，按照有关法律法规规定，实施保护管理；二是不属于可移动文物、档案的文献、手稿、声像资料和实物等，按照市、区红色资源传承弘扬和保护利用联席会议确定的部门提出的保护要求，实施保护管理。

《条例》与现行《上海市文物保护条例》《上海市历史风貌区和优秀历史建筑保护条例》等法律法规相衔接，共同构建完善全市红色资源传承弘扬和保护利用的地方立法体系。

二、建立协作机制与保护示范点

上海市不断强化红色文化资源保护利用的制度设计，持续构建完善党委领导、政府负责、部门协同、社会参与的工作机制，加强对红色文化资源的整体性、系统性保护，推动相关立法落地落实。目前，上海市委建立了红色资源保护利用工作联席会议机制，制定印发了《上海市红色资源传承弘扬和保护利用实施方案》《上海市红色资源保护利用工作联席会议工作规范》《上海市红色资源认定标准》《年度红色资源传承弘扬和保护利用工作要点》等规章文件，为构建上海红色文化资源保护利用的制度体系打下良好基础。保护开发利用好这些宝贵的红色文化资源既是上海的使命和责任，也是人民城市理念实践的重要组成部分，是亟须深入研究的重大时代课题。

《条例》正式颁布后，关于调查认定、名录管理、分类保护、建设管理都提出明确的要求，需要认真地按照法律法规的要求，来提升保护、传承、宣扬的法治化水平，不断完善行政执法和检察公益诉讼相协作的机制。

2021年6月，上海市青浦区检察院与上海军事检察院，青浦区文旅局、教育局、退役军人事务局联合会签了《关于建立青浦区红色历史文化遗产检察公益诉讼保护协作机制的实施意见》，共建全市首个红色历史文化遗产检察公益诉讼保护协作机制，畅通线索移送、信息共享、专业支持、联合巡查等检行协作模式，合力推动陈云母校颜安小学、上海唯一一处新四军标语墙等一批红色革命文物全面升级保护，以法治思维促进文物治理能力水平的提升。依托机制，协作单位在爱国主义教育基地东乡烈士陵园、颜安小学设立了全市首批"红色革命文物检察公益诉讼保护示范点"，开展公益红色主题教育活动30余场，真正让红色文物"活"起来。青浦区检察院通过"案件＋机制＋示范点"联动，以"检察蓝"守护"英烈红"，为红色文化记忆传承贡献新路径、新经验、新成效。

协作机制的建立与保护示范点的设立，是检察机关在革命文物保护工作上的探索创新，以期以司法保护协作，共推革命传统和优良作风薪火相传。

第二节　奠基：系统勘察与科学保护

滴水穿石，非一日之功。系统勘察、逐步累积、科学保护是活化利用红色资源的前提条件，也是后续教育传播工作开展的根基。自新中国成立之日起，上海便一直将红色文化的传承保护作为文化宣传、文物保护工作的重中之重，历经几代人的努力，业已勘实 612 处新民主主义革命时期的重要遗址地、纪念地；围绕这批重要红色文化遗产，上海系统实施"三大工程"战略，持续对纪念设施进行保护、修缮、维护，让历史持续与当下进行良性互动，维持红色资源与社会公众的相关性。

一、新中国成立以来上海红色资源的发掘与利用

上海红色资源的发掘利用工程可以追溯至中华人民共和国成立初期。在党中央高度重视对全国革命史迹征集、调查工作的大背景下，上海作为中国共产党的诞生地，很早便投入红色资源的勘实调查工作当中。中共上海市委以高度的政治责任感和历史使命感，充分依靠广大人民群众，积极寻访党的革命活动遗址。

1950 年 9 月，为迎接中国共产党成立 30 周年，上海市第一任市长陈毅提议并经市委讨论，决定寻找中共一大会址。上海方面高度重视寻访工作，将此作为一项极为重要的政治任务，指定市委宣传部负责，并专门成立工作小组。市委宣传部副部长姚溱负责牵头，他指派市文化局社会文化事业管理处美术室主任沈之瑜、市委宣传部干事杨重光等人具体落实查找。在寻访和后来的复原工作过程中，许多当事人和知情者参与此项工作，为揭开谜底起了关键作用。工作组还邀请了旧址周边的房东、老邻居和居委会干部等多次召开座谈会，听取他

们的意见，征集各方线索，以尽可能恢复历史原貌。[1] 1951 年 4 月，中共一大会址连同中共中央工作部旧址、中共一大代表宿舍旧址等三处重要革命遗迹被勘实，并分别设立为上海革命历史纪念馆第一、二、三馆。次年，中共一大会址复原布置就绪，实行内部开放，同年成立了上海革命历史纪念馆筹备处。

除了统一管理三个馆的日常工作外，筹备处的另一项重要任务就是系统开展上海全市的革命遗址、旧址的确认、勘实与保护工作，先后通过当事人勘认、文献报刊资料调查核实、附近居民确认等方法手段，查实中国社会主义青年团中央机关旧址、中共二大会址、1920 年毛泽东在上海的寓所旧址、中国劳动组合书记部旧址、中共四大遗址、中共六大以后党中央政治局机关旧址、《布尔什维克》编辑部旧址、张闻天故居、中共中央上海局机关旧址等多处重要革命旧址遗址。

纵观整个社会主义建设时期，上海在实践中不断改进方法，积累了一系列红色资源的保护、发掘与利用经验，主要包括：首先确立红色资源的利用原则，即旗帜鲜明提出要以红色文化、革命历史服务当下的政治运动，突出党的路线和毛泽东思想等教育理念；其次，明确以党员干部、工农阶级为主要受众，城市地区以群团、单位等组织集体参观纪念馆、革命旧址，并逐步演化为一种机制，农村地区则以流动展、展览会等接触大量人群；最后，形成包括陈列、讲解、巡展在内的独有的一套教育模式，通过物质化、形象化的教育手段，加深了党员干部群众对马克思列宁主义及中共党史的认识，如 1960 年 4 月上海革命历史纪念馆筹备处策划的"列宁生平事迹展览会"在上海市

---

[1] 徐未晚主编、上海市档案馆编：《党在这里诞生》，东方出版中心 2020 年版，第 13—15 页。

青年宫举办，这是筹备处实施的第一个专题展览，观众达到 11 万人次，通过对列宁思想与中国革命进行阐释与传播，号召人民不断继承革命传统、参与革命活动。

改革开放开始后，党中央确立了党的正确的思想、政治和组织路线，也开启了传承红色文化、发掘红色资源的新时期。历经一系列拨乱反正后，上海以革命纪念馆为核心的一批红色资源承载主体逐步探索红色资源利用的专业化、科学化机制。首先是秉持"解放思想、实事求是"的原则，将党史研究工作视作红色资源发掘资源的基础与核心，例如 1985 年，为了迎接中国共产党成立 65 周年，中共一大纪念馆（当时仍称"中共'一大'会址纪念馆"）对其基本陈列进行修改，在全国首次展出了中共"一大"会议的 13 名参与者，体现了恢复历史真实性的基本立场。其次，红色资源的保护利用开始与国际文化遗产保护、博物馆展示等先进保护理念接轨，与全民教育、终身教育、自由选择学习等的先进教育理念接轨，如尝试在红色主题展览中运用艺术类、科技类博物馆的展示手段。再者，开始搭建以红色资源为主体的党史学习教育格局，即面向党员群体进行党性教育、面向青少年群体进行思想政治教育、面向广大群众进行爱国主义教育的分众化、一体化教育模式，在该时期已粗具雏形；尤其是在 20 世纪 90 年代全国首批爱国主义教育示范基地的创设中，上海入选的 4 家单位有 3 家均为红色革命主题场馆，红色资源在爱国主义教育、党史学习教育中起了重要作用。最后，上海不断创新探索红色资源利用的形式手段，在陈列展览、宣传讲解、红色旅游等领域均取得长足突破，使红色资源背后的教育资源得到大力的传承保护与挖掘利用，其成果不断惠及民众，呈现多样态的发展面貌。

二、实施"三大工程"战略

党的十八大以来，本着对历史负责、对人民负责的态度，上海市委、市政府先后通过实施"三大工程"（即党的诞生地发掘宣传工程、红色文化传承弘扬工程、革命文物保护利用工程），不断夯实红色资源的保护基础。同时对新民主主义革命时期，在中国共产党直接领导下的红色资源进行了排查摸底，为加强红色遗址遗迹、革命文物的保护做好前提条件。

1. 摸清家底，规范管理

根据 2020 年市委宣传部、市委党史研究室、市文物局开展的红色革命遗址旧址复核数据显示，目前上海的红色资源特点如下：

其一，上海红色资源数量众多，生动反映了中国共产党在上海的诞生以及中共中央早期在上海发动领导的一系列重大革命斗争中走过的艰难曲折的风雨历程，揭示了中国革命道路的曲折和艰辛。根据 2020 年上海市红色资源普查数据，上海市第一批不可移动红色资源共 612 处，遍布全市 16 个区。其中旧址 228 处，占全市总数的 37.25%；损毁的红色遗址有 279 处，占全市总数的 45.58%，已利用开发为纪念设施的有 105 处，占全市不可移动资源的 17.16%。此外，还有上海市档案馆、上海图书馆、中共一大纪念馆等馆藏重要档案、文献、手稿、声像资料和实物类红色资源 236 件 / 套，也入选《上海市红色资源名录（第一批）》。2021 年 3 月、6 月，市文物局公布两批上海革命文物名录，全市现有不可移动革命文物 250 处，其中，第一批 150 处、第二批 100 处；可移动革命文物 3415 件（套），其中，第一批 208 件（套）、第二批 3207 件（套）。

其二，上海红色资源分布广泛并且较有规律。第一批不可移动红色资源主要集中在市区，如黄浦区、静安区、虹口区、普陀区等市中心区域，而位于上海郊区的红色资源数量相对较少，分布也较为分散。同时，各区具有自身的资源分布特点，比如中国共产党早期创建的旧址遗址主要集中在黄浦区，中共中央机关旧址遗址主要集中在静安区，红色文化旧址遗址主要集中在虹口区，工人运动的旧址遗址主要集中在杨浦区和普陀区。

其三，重要遗址旧址的纪念标识统一且明确。2022 年，市委宣传部、市委党史研究室、市文化旅游局会同相关区，选取 27 处重要红色革命遗址和 21 处重要红色革命旧址，设置统一纪念标识。同时统一树立起大理石质纪念碑或纪念牌，切实提升红色资源的标识度。首批 48 处遗址旧址纪念标识设置工作已基本完成，同时，还将各遗址旧址中发生的党史故事以黄铜二维码形式贴在纪念碑或纪念牌上。

2023 年 1 月，市文化旅游局、市文物局又进一步发布国内首部不可移动革命文物白皮书——《上海市不可移动革命文物保护利用报告（2018—2022 年）》（以下简称《报告》），总结了上海五年来革命文物保护利用和传承弘扬方面的具体做法和经验成效。《报告》指出，沪上不可移动革命文物（以下简称革命文物）主要呈现以下特点：一是保护级别全，二是分布区域广，三是时间跨度长，四是建筑类型多。250 处革命文物涉及全部四个保护等级，在上海市各区均有分布，时间跨度长达 150 年，新民主主义革命时期的占 82%，建筑类型涵盖里弄住宅、传统民居、联排住宅、花园别墅、公寓大楼、公共建筑等，呈现出革命活动的广泛性、深入性，彰显了上海作为马克思主义传播地、中国共产党的诞生地、早期中共中央所在地的主要特点。而遵循全面保护原则，沪上不可移动革命文物又涵盖了四个保护等级，其中全国重点文物保护单位 11 处、市级文物保护单位 85 处、区级文物保护单位 72 处、文物保护点 82 处。这一《报告》成果，对上海市不可移动革命文物施行分级分类管理，在未来对切实发挥好革命文物的重要作用提出了具体建议，必将发挥明确的指导作用。

2. 科学保护，促进提升

在保护为主、抢救第一、合理利用、加强管理的原则指导下，以"一馆五址"为代表的重要遗址旧址得到保护利用。中国共产党第一次全国代表大会纪念馆于 2021 年 6 月 3 日建成开馆。中共中央军委机关旧址纪念馆建成开放，完成中国共产党发起组成立地（《新青年》编辑部）旧址、中共中央政治局机关旧址（1928—1931 年）的腾迁修缮和文物更名，报请党中央、国务院筹建中共中央秘书处机关旧址纪念馆和中央特科机关旧址纪念馆并获批。

此外，上海完成龙华革命烈士纪念地、鲁迅墓、又新印刷所旧址、上海区委党校旧址等不可移动文物修缮，中共二大会址纪念馆、中共四大纪念馆、龙华烈士纪念馆、顾正红纪念馆等纪念设施展陈提升等工作。

3. 网络呈现，资源共享

上海推动红色资源网络平台全景呈现，推动红色资源信息共享。2021 年 6 月，在"学习强国"推出上海市红色文化资源信息应用平台"红途"，通过网络平台全景呈现全市红色文化资源和爱国主义教育基地，实现红色文化资源"一网统管"、红色文化应用"一网通办"、红色文化载体"一站服务"、红色文化信息"一站共享"。为

2021 年在北京开馆的中国共产党历史展览馆布展工作，先后提供 5 批次 300 余件（套）文物、档案和图片。

上海图书馆以《上海市红色资源名录（第一批）》资源为基础，依托上海图书馆的红色文献整理研究、红色文献服务平台和数字人文项目建设的成果，承建"红色资源联合目录数据库"。在相关部门的指导下，制定了跨机构的数据共享和需求规范，形成 9 种建筑设施类标准字段和 18 种资料类标准字段，完成数据库收集、沟通对接、数据清洗加工。整合了"红途"平台、上海市档案馆、中共一大纪念馆等已有数据资源，通过建设支持跨机构资源整合、统一检索和多维展示的上海红色资源联合目录数据库，来进一步深入推动红色资源的共建共享。现已收集完成《上海市红色资源名录（第一批）》所有 848 项数据的整理工作，所有数据通过标准元数据规范存储及管理。上海市红色资源联合目录数据库现由资源检索系统、可视化导航系统、详情展示系统组成，支持 PC 端及移动端各种分辨率设备的适配展示及体验。2022 年 11 月 29 日，上海市红色资源联合目录数据库基本完成开发，并向 12 家机构单位开放公测，利用云文档收集反馈并同步进行迭代优化。

4. 深入发掘，梳理资料

各级各部门在现有的红色资源基础上，深入研究党史，收集文献资料，加大考证力度，深入挖掘新的红色资源。

上海图书馆 2021 年推出《上海图书馆藏革命文献总目·书目编》《上海图书馆藏革命文献总目·图录编》，其中"书目编"收录了上述各种图书及非书资料，总数近 9000 种，为社会各界更全面充分利用馆藏红色文献资源提供了重要的指引。

《共产党宣言》第一个中文全译本的初版与再版经上海科学技术文献出版社、复旦大学出版社等机构仿真影印出版，同样为开展"读原著、读经典"等工作提供了重要的文献资源。上海音像资料馆还在俞秀松烈士后人俞敏的帮助下赴俄罗斯采集到红色中文报刊《工人之路》的珍贵档案，目前已从俄罗斯成功采集到《工人之路》扫描件约1300件，发行时间跨度在1924年至1938年，为研究早期中共在远东地区的舆论阵地提供重要价值。

虹口区党史办通过资料搜集、实地考察等方法，分析上海成为赴法勤工俭学运动高地的"天时、地利、人和"基本条件，梳理赴法勤工俭学运动在上海的基本过程和主要活动，考证赴法勤工俭学运动在上海涉及的毛泽东"四送"、汇山码头与黄浦码头等出发地、赴法勤工俭学总代理上海华法教育会、寰球中国学生会等问题，总结上海在赴法勤工俭学运动中的新起点、集结点和高潮地作用，重新认识赴法勤工俭学运动在上海的历史价值和现实意义，为上海的红色资源发掘工作写下了新的一笔。

2021年以来，市档案局（馆）系统深入挖掘馆藏资源，利用红色档案编纂了一批红色编研成果，充分发挥了档案工作存史资政育人的重要作用。《换了人间》以新中国光辉的发展历程为轴，汇集市档案馆馆刊《档案春秋》杂志历年精彩文章70余篇，讲述共和国革命、建设、改革的宏大历史和动人故事。《跟着档案看上海》荟萃了中共一大会址、周公馆、人民广场、东方明珠广播电视塔、南浦大桥等14个城市地标，从档案的角度进一步挖掘和呈现上海红色文化、海派文化、江南文化的深厚底蕴。2022年，市档案馆还与上海宋庆龄研究会、中国福利会通力合作，汇编《永远和党在一起——中国福利会英文历史档案选编》一书。该书是馆藏中国福利会英文历史档案（共 203 卷、17247 页）第一阶段整理研究成果，集中反映了宋庆龄领导下的保卫中国同盟和中国福利基金会在医疗卫生、儿童保育、工业合作等各方面全力支持陕甘宁边区建设的史实，为党史、抗战史、统一战线史的研究提供了第一手史料。

为迎接新中国成立 70 周年、建党 100 周年，上海音像资料馆自 2019 年起加大对俄罗斯所藏彩色新中国珍贵影像的研究和采集力度。采集到包括记录开国大典、全国解放及新中国建设等在内的多部新中国成立初期中苏合拍电影纪录片及拍摄素材的样片 700 多分钟、版权资料约 200 分钟。此后上海音像资料馆又成功采集到开国大典完整彩色拍摄素材 2K 高清版 52 分钟。2020 年以来，上海音像资料馆陆续采集到 400 多分钟共产国际相关会议资料，梳理中共党员从 1919 年至 1935 年间参加共产国际代表大会、赤色职工国际代表大会、青年共产国际代表大会、远东大会等会议以及在苏联其他活动的主要影像脉络，从中发现了李大钊、瞿秋白、张太雷、赵世炎、王荷波、张伯简、吴玉章等中共早期党员的活动影像，其中赵世炎、张伯简影像为上海音像资料馆首次独家发现。另外还首次从俄罗斯采集到中共早期领导人包括陈独秀、李大钊、瞿秋白、毛泽东、周恩来等在内的珍贵照片 106 幅；从美国采集到抗战时期八路军领导人在山西独家影像，其中左权的活动影像为目前唯一可见其生前影像。2021 年，为迎接建党 100 周年，由上海音像资料馆采集的李大钊、陈独秀、赵世炎、王荷波等中共早期领导人的珍贵影像被用于纪录片中心《诞生地》《青春龙华》等重点纪录片项目，受到社会广泛关注。

三、上海市纪念设施的修缮提升

近年来，上海坚持"保护为主、抢救第一、合理利用、加强管理"的原则，全力推动以"一馆五址"为代表的一批重要旧址遗址的保护利用。

2018 年 11 月 1 日，中央批复同意上海建设中国共产党第一次全国代表大会纪念馆。2019 年 8 月 31 日，纪念馆开工建设。在由市委主要领导担任组长的纪念馆筹建工作领导小组指挥下，参建各方按照中央、市委的有关意见，有序推进各项建设，明确纪念馆规划与城市建设总体规划相协调、新馆建设与旧址保护相结合的原则，严格落实节俭建馆、避免奢华的要求。文物修缮严格遵循文物保护法规的相关规定，注重维护红色底色。新建建筑强调与周边历史建筑风貌协调一致，控制地面建筑增量，用足用好地下空间。2021 年 4 月 30 日，纪念馆实现整体竣工。2021 年 6 月 3 日，纪念馆正式开馆。

建成后的中国共产党第一次全国代表大会纪念馆，由中共一大会址、宣誓大厅、新建展馆等部分组成。其中，中共一大会址供观众瞻仰参观，宣誓大厅保留了 2017 年 10 月 31 日习近平总书记带领中共中央政治局常委重温入党誓词时的原貌环境，新建展馆总建筑面积9690 平方米（地上 2910 平方米，地下 6780 平方米）。新馆不再仅仅是会址的附属设施，而是一座全面讲述建党历史、传播红色文化的综合性纪念场馆。

除"一馆"之外，"五址"则指代中国共产党发起组成立地（《新青年》编辑部）旧址、中共中央政治局机关旧址（1928—1931 年）、中共中央军委机关旧址、中共中央秘书处机关（阅文处）旧址、中共中央特科机关旧址，目前这五处旧址都已完成修缮和展陈提升工作。

此外，中共代表团驻沪办事处（周公馆）的焕新开放是上海小型纪念地又一提升改造的典型。为了纪念周恩来诞辰 126 周年，2024年 7 月 23 日，修缮一新的周公馆重新对外开放。周公馆在修缮、改陈和开放过程中，一是始终秉持"保护第一、加强管理、挖掘价值、有效利用、让文物活起来"的原则，创造性地打破传统封闭模式，尝试打开篱笆墙、撤去"一米线"，让观众"零距离"感受其独特的历史氛围和文化底蕴。二是首次开放花园区域，将周公馆与周边街区有机融合，并为响应上海红色文化季与助力打造"上海之夏"，延长花园开放时间，使之成为周边市民休闲散步、感悟红色文化的好去处。三是克服展陈空间局限，展陈改造从完善建筑内部设施、丰富展陈内容和形式、优化观展流线几个方面入手，努力打造精致而温暖的展览，使之更符合当下展览陈列、宣传教育工作的新要求。

第三节　拓展：资源管理与平台搭建

上海在红色资源的政策引导、制度建设中始终走在前列。2018年起，上海连续两轮实施打响"上海文化"品牌、加快建成国际文化大都市三年行动计划（2018—2020 年、2021—2023 年），保护利用红色资源在两轮行动计划中，始终被列为 12 项专项行动之首。

一、创设红色资源名录制度

根据 2020 年市委宣传部、市委党史研究室、市文物局开展的红色革命遗址旧址复核数据显示，全市自 1919 年五四运动到 1949 年上海解放，有重点旧址、遗址、纪念设施或者场所类红色资源共 612 处，遍布全市 16 个区。其中旧址 228 处，如中国共产党第一次全国代表大会会址、中国共产党第二次全国代表大会会址、中国共产党发起组成立地（《新青年》编辑部）旧址、中共中央政治局机关旧址（1928—1931 年）、中共中央军委机关旧址、中共中央秘书处机关（阅文处）旧址、中共中央特科机关旧址等；遗址 279 处，如中国共产党第四次全国代表大会遗址、中央文库遗址、商务印书馆遗址、电通公司遗址（《义勇军进行曲》纪念地）、《星期评论》编辑部遗址等；纪念设施 105 处，如中共一大纪念馆、中共二大会址纪念馆、中共四大纪念馆、陈云纪念馆、龙华烈士陵园、鲁迅墓、五卅运动纪念碑等。

根据《上海市红色资源传承弘扬和保护利用条例》的有关要求，上海极有必要立法创设红色资源名录制度，将这些具有重要历史价值、教育意义、纪念意义的红色资源列入名录并予以保护。2022 年 3 月，经市红色资源保护利用工作联席会议审议同意，上海市人民政府发布公布《上海市红色资源名录（第一批）》。名录分为两大类：红色旧址、遗址、纪念设施或场所类，把上文提到的这些普查结果正式纳入名录，共 612 处；此外，还有上海市档案馆、上海图书馆、中共一大纪念馆等馆藏重要档案、文献、手稿、声像资料和实物类红色资源 236 件 / 套，也入选了《上海市红色资源名录（第一批）》。名录的公布，为开展党史学习教育提供了生动的"活教材"，同时为红色文化的传承弘扬奠定基础。

2021 年 3 月、6 月，市文物局又先后公布了两批上海革命文物名录。全市现有不可移动革命文物 250 处，可移动革命文物 3415 件

（套）。同时，上海还建立红色资源名录数据库，在网上筹建了上海市红色资源名录检索与展示系统，健全信息共享机制。

二、建立红色资源保护利用工作联席会议制度

红色资源传承弘扬、保护利用是一项复杂的系统工程，涉及党政多个部门以及群众团体。以往因主要责任主体不明确，曾出现部门之间互相推诿问题。2021年1月，上海市委成立红色资源保护利用工作联席会议，明确建立党委领导下的市、区两级红色资源传承弘扬和保护利用联席会议，负责统筹、指导、协调、推动红色资源传承弘扬和保护利用工作，研究决定红色资源传承弘扬和保护利用重大事项，对红色资源传承弘扬和保护利用工作实施情况进行评估并向社会公布。

市级联席会议采取召集人制度，由市委常委、宣传部部长担任召集人，市委常委、秘书长和分管文化旅游的副市长担任副召集人，市委宣传部、市委组织部、市委党史研究室、市发改委、市文旅局、警备区政治工作局等13家部门为成员单位。这一议事协调机构，承担研究决定本市红色资源保护利用重大事项的职责。

2021年12月30日，市红色资源保护利用工作联席会议召开第一次全体会议，审议通过《上海市红色资源传承弘扬和保护利用实施方案》《上海市红色资源保护利用工作联席会议工作规范》《上海市红色资源认定标准》《保护利用专家委员会首批专家名单》。其中，《实施方案》依据《上海市红色资源传承弘扬和保护利用条例》制定，以2021年至2025年为时间跨度，融入"党的诞生地"发掘宣传工程、

红色文化传承弘扬工程、革命文物保护利用工程相关要求，针对性提出阶段目标、具体项目和落实举措；《工作规范》依据《上海市红色资源传承弘扬和保护利用条例》有关要求制定，分为总则、工作职责、工作机制和附则，明确联席会议机构组成，确定联席会议、联席会议办公室、成员单位联络员的工作职责，并以附件形式，梳理形成各成员单位职责清单；《认定标准》对"红色资源"的概念作了定义，并对其类别、范围作了界定，在细节上，对命名、收录条件等作了细化，避免可能出现的理解歧义和操作困难，具有较强的实操性和示范性；《专家名单》汇集了上海市域内30位党史、城市史、文保、档案等方面的资深专家，以活跃于相关研究、实践领域的一线资深专家为主。

这一议事协调机构，在往后仍将继续承担研究、审议、决定本市红色资源保护利用重大事项的职责，并将进一步健全市、区两级红色资源保护利用工作联席会议制度。

三、成立中共一、二、四大场馆管理委员会

2019年，制定发布上海市地方标准《红色旅游基地服务质量要求》，推动红色旅游高质量发展，培育形成红色纪念馆、名人故居、烈士陵园、革命遗址遗迹四大系列红色景点。同年11月，推动成立长三角红色文化旅游区域联盟，推动长三角区域红色旅游资源合作、协同发展。为深化不同领域红色资源联动整合探索了初步经验。

黄浦、静安、虹口，是全市红色资源最集中的区域，一大、二大、四大纪念馆，是全市红色场馆的标杆。2021年6月，中共一大

纪念馆、中共二大会址纪念馆、中共四大纪念馆成功联创国家 5A 级景区。但是三馆却分别归口不同单位，职级不一，各项工作开展多有不便。为了更好发挥中共一大纪念馆牵头联系作用，加强市区间、区际间、馆际间的工作联通，2022 年，建立中共一、二、四大场馆管理委员会（以下简称管委会）。成员单位包括市委宣传部、市委党史研究室、市文旅局、市档案局、市发改委、市财政局、市教卫党委，黄浦、静安、虹口三个区的区委宣传部，以及三家红色场馆，在市红色资源保护利用工作联席会议领导下，研究会商各馆在展陈、讲解、研究、管理等方面的重大事项，并报联席会议审定。

　　管委会具体职责包括：建立定期协商例会制度，加强信息沟通和工作协调；形成各馆年度重点项目合作方案，做到年初有计划、年末有总结；推动各馆在场馆保护、展陈提升、临展巡展、5A 级景区旅游推广、文创开发、出版读物、长三角联动等方面的合作；支持各馆共同开展红色故事讲演大赛、学术研究论坛活动、红色文化传播周等群众性主题宣教活动；加强各馆人才队伍建设，在研究、保管、讲解等领域开展合作、加强培训等。

　　管委会的成立，为市区间、区际间、馆际间的工作统筹，跨区域、跨单位的重大事项的会商、决策确立了制度保障，推动各馆在展陈提升、景区建设、宣传策划、学术研究、文艺文创、活动联办、人才共育、对外合作等方面实现进一步的联动，为以往长期分散于不同条线管理的同业务领域文博场馆的联合探索了经验，真正彰显了统筹下的联合团结思想，有效地为打响红色文化品牌、弘扬城市精神品格、助力提升城市软实力贡献智慧力量。

第四节　辐射：信息共享与数字赋能

快速迭代的数字技术为红色资源的信息管理与共享提供了优越条件，使零散化、碎片化的各处红色遗址的信息得到有效整合。在红色资源集中化、数字化、大数据化的基础上，持续探索建立平台与名录建设的创新机制刻不容缓。以下仅以上海红色文化信息应用平台"红途"与红色资源联合目录数据库为例，探讨数字赋能红色资源保护利用机制的创新途径。

一、红色资源信息应用平台——"红途"

为庆祝中国共产党成立 100 周年，深入推进"党的诞生地"红色文化传承弘扬工程，进一步提升城市软实力，上海市委宣传部联合中宣部宣传舆情研究中心，会同市各有关单位，依托"学习强国"和"随申办"系统，在全国率先建设推出上海红色文化资源信息应用平台——"红途"。

上线以来，"红途"平台以习近平新时代中国特色社会主义思想为指导，聚焦红色资源数字化转型，以广大党员群众需求为导向，通过红色场馆信息化集成、文旅活动智能化汇聚、工作成果数据化呈现等功能，推进全市红色资源综合管理向科学化、精细化、智能化发展，实现了红色文化资源"一网统管"、红色文化应用"一网通办"、红色文化载体"一站服务"、红色文化信息"一站共享"。

截至 2024 年 7 月，"红途"累计推出全市精品展陈、讲座课程、学习线路、场馆活动等优质学习资源 7094 项，完成"三端两号"

（"学习强国"端、"随申办"端、微信小程序端及微信公众号、"红途"视频号）功能矩阵搭建，平台实名注册用户超 666 万，点击量超 5 亿次，各级各类媒体宣传报道超百次，已成为一网通办示范性红色应用、城市数字化转型示范项目，为弘扬城市精神品格、提升城市软实力提供强大助力。"红途"已成为上海最具影响力和示范性的红色资源应用平台。

（一）面向主管单位，实现红色文化资源"一网统管"

"红途"平台为构建上海市红色文化资源信息管理系统提供大数据支持，提供"动态可查、数据可靠、效果可视"的集成化管理功能。建成全市首个爱国主义教育基地可视化信息系统，实现红色文化场馆一馆一档，各场馆及其主管部门均可在平台系统中，集中处理包含场馆运营、开放接待、教育活动等各项管理任务，积累各类数据 112.9 万条。建设上海市爱国主义教育基地网络管理系统，在 2022 年度市级爱国主义教育基地申报和考核评估中，服务 171 个场馆基地完成场馆自查、主管单位初评、市级考核组复评及终评，线上考核全过程操作便捷、透明公开，资料备案规范，首次实现全市爱教基地网络化申报、信息化考核、数字化管理。

（二）面向社会公众，实现红色文化应用"一网通办"

围绕"看、听、访、学"，"红途"平台特色化打造红色资源服务功能。"光荣之城"将《上海红色文化地图》转化为数字化应用，按行政区划在线展示全市 600 多处红色资源和各级爱国主义教育基地，创设"数字全景场馆"专区，上线 31 家爱国主义教育基地的数字全景场馆，让广大市民足不出户就能获得沉浸式参观体验。"场馆预约"在全市推广红色文化场馆一站式预约系统，携手"随申办"，打通"场馆预约"双通道，将观众预约需求与场馆实时开放情况有效对接，在中共一大纪念馆等30家重点场馆实现"红途"、随申码、预约码"一码通行"，切实提升红色场馆的便民服务水平，目前已累计近130万名观众预约入馆。"党史教育"汇集全市优质教育资源，与重大主题相呼应，与干部培训相结合，动态发布电子学习菜单，535项精彩活动供市民群众结合需求参与学习教育。"城市阅读"有机融合红色文化、海派文化、江南文化，发布141条特色寻访线路，行程规划、交通索引"一屏直达"，学习成果报告"一键生成"。

（三）面向红色文化场馆，实现红色文化载体"一站服务"

"场馆活动"在线汇聚上海市红色文化场馆精品展陈、主题教育、专题讲座、特色活动，实现信息发布、智能查询、活动预约、线上展示、点评推荐等功能，搭建场馆活动推荐展示、馆际合作交流的平台。"红途讲师"充分调动社会力量，鼓励专家学者、资深讲解员、优秀志愿者加入红色文化传播队伍，打造上海红色文化讲师团队的培养、宣传、展示和推介平台，进一步壮大红色文化传播者队伍。"海上文创"与上海红色文创大赛等活动联动，集中展示推介海派红色文创产品的创新成果，推动提升上海红色文化场馆文创产品的设计与开发水平，盘活红色文化资源存量，拓展红色文化资源功能。"红途微视"以短视频的形式进行红色故事、红色文艺作品的创新展示，打造原创红色短视频资源汇聚和展示平台。

（四）面向合作单位，实现红色文化信息"一站共享"

依托上海红色资源保护利用工作联席会议，"红途"平台旨在发挥红色资源枢纽平台作用，凝聚合力，共建共享。平台上线以来，先后联合市委党史研究室、市教委、市文旅局、市文明办等，定制推出主题展览、红色线路、文艺演出、党史读物等优质学习资源329项；与上海主要媒体，及抖音、B站、上海移动等社会平台合作，推出"红色故事馆长说"系列短视频、头部UP主直播"勇立潮头"骑行党课等特色活动，线上线下受众超过1366万人次；联动全市爱国主义教育基地，推进红途讲师团和"红途学苑"大思政课建设，以"一馆一师一课"为载体，打造少年"红途"行、"红途"探馆、"红途"讲堂等"红途＋"系列品牌项目，开展各类线上线下体验活动141场，活动覆盖人数超280万。

二、红色资源联合目录数据库

2023年，上海市红色资源联合目录数据库（1.0）（以下简称数据库）发布上线。数据库由市红色资源保护利用工作联席会议办公室牵头，会同市委宣传部、市委党史研究室、市文化旅游局、上海图书馆等共同建设，以《上海市红色资源名录（第一批）》资源为基础，依托上海图书馆的红色文献整理研究、红色文献服务平台和数字人文项目建设的成果建设而成。

在相关部门的指导下，数据库制定了跨机构的数据共享和需求规范，形成9种建筑设施类标准字段和18种资料类标准字段，完成数据库收集、沟通对接、数据清洗加工。此外在内容上，数据库整合了

"红途"平台、上海市档案馆、中共一大纪念馆等已有数据资源，通过建设支持跨机构资源整合、统一检索和多维展示的上海红色资源联合目录数据库，进一步深入推动红色资源的共建共享，收集完成后所有数据通过标准元数据规范存储及管理。在结构上，数据库现由资源检索系统、可视化导航系统、详情展示系统组成，支持 PC 端及移动端各种分辨率设备的适配展示及体验。

第四章
赓续红色血脉，打造建党精神研究高地

    红色文化资源蕴含着丰富深邃的精神力量，具有高度的时代价值和精神指引作用，要增强红色文化资源的吸引力和感染力，必须深入挖掘好红色文化资源的精神内涵和思想价值，尤其要重点做好基础研究工作，这就要求相关主体、机构在不断挖掘丰富红色资源的同时，还须积极搭建合作研究的新平台，探索建立跨地区、跨行业、跨专业研究的新机制，有效整合优化各方研究力量和资源，推动形成系统研究红色资源的强大合力。

    近年来，上海通过搭建研究中心、开展专项课题、组织研讨活动和推出主题出版物等途径，从学理高度、历史厚度、哲学深度等深入探索红色资源相关议题，取得了一批丰硕成果，为基础研究提供了最有力的支撑。尤其自2021年"伟大建党精神"提出以来，红色资源的保护利用已成为开展伟大建党精神传扬研究的一项基础性议题。深入研究好红色文化资源，将为弘扬伟大建党精神提供持续不断的思想伟力。

第一节　以研究中心提高学术凝聚力

研究中心的设立能够助推红色资源的贮藏承载机构与相关的研究基地建立良好的合作关系，实现红色资源的共通共享，并形成开发与研究的合力，共同推动红色资源研究开发与整理工作。2021 年以来，伟大建党精神研究在学界如火如荼地开展，在很大程度上推动了红色资源的深层次研究。这一重大理论创新一经提出，上海便迅速响应，以研究平台为载体，集全市理论社科界之力，培育建设伟大建党精神研究的人才队伍。2021 年 7 月 14 日，上海在全国率先成立"上海市中国共产党伟大建党精神研究中心"，这是全国第一家以伟大建党精神为主题的省级研究中心，具有重要的开创意义。该研究中心由中共上海市委宣传部、市委党校、市委党史研究室共同发起，明确要按照上海市委部署要求，推动全市自觉担负起传承弘扬伟大建党精神、赓续红色血脉的上海使命，全力以赴打造伟大建党精神研究高地。研究中心自成立以来，先后在《人民日报》《解放日报》等主要媒体刊发 7 篇研究阐释伟大建党精神的大篇幅高质量理论文章，并获"学习强国"平台、人民网、光明网、上观新闻等转载，在全国产生了较为广泛的影响。为推动学界对伟大建党精神的研究，研究中心依托中共一大纪念馆策划编辑《伟大建党精神研究动态》，在广泛搜集和研究国内外公开发表的理论成果和召开的学术会议的基础上编辑成册，截至 2023 年 5 月已完成五期。《研究动态》设置了核心表述、研究综述、会议动态和论文目录等多个板块，系统反映了学界对伟大建党精神的研究状况，发布后受到广泛关注。

2021 年 10 月，教育部、上海市联合成立全国高校中国共产党伟大建党精神研究中心。在教育部的指导和支持下，上海市教卫工作党委、上海市教委具体承担了该研究中心的建设任务，旨在充分发挥高校人才智力密集的优势，为推动新时代高校党建和思政工作高质量发展提供重要支撑。该研究中心首次探索打破高等院校、党校、社科院系统等原本相对独立的研究体系间的界限，设立了若干研究中心和协同单位，致力于发挥不同单位的学术优势和特色专长协同攻关，加强学术间的合作交流，激发科研活力，为进一步推进伟大建党精神研究理论创新提供了良好的科研合作平台。首批分中心设在复旦大学、上海交通大学、同济大学、华东师范大学、上海外国语大学、上海财经大学、华东政法大学、上海大学、上海师范大学、上海立信会计金融学院这 10 所高校。首批协同单位包括：中共一大纪念馆、南湖革命纪念馆、中共二大会址纪念馆、中共四大纪念馆等红色场馆；北京大学、清华大学、中国人民大学、南开大学、吉林大学、山东大学、武汉大学、兰州大学 8 所大学的第一批全国重点马院；《马克思主义研究》《中国高等教育》《思想理论教育导刊》《毛泽东邓小平理论研究》《思想理论教育》《光明日报》《解放日报》等学术报刊。

第二节　以专项研究抬升学术执行力

以大力弘扬伟大建党精神为目标，上海理论社科界以科研项目为引领，着力提升红色资源研究的宽度和深度。2016 年 7 月，受中宣部委托，上海市委宣传部组织上海市专家学者开展了题为"开天辟地——党的诞生地发掘宣传工程"的伟大建党精神前期研究，提交的最终研究报告得到好评，并产生了良好的社会宣传效应。2019年，市政协文史委围绕"用足用好本市红色文化资源"开展课题调研，建议进一步提高红色文化资源保护利用能力，强调"红色资源要活起来，需要讲好其背后的人物、故事和精神，要在历史故事和革命精神发掘上下功夫"；2021年，市政协文史委再次将广泛深入开展"四史"学习教育作为年度调研课题，就进一步发掘保护、用好用足红色资源，大力发掘精神财富，讲好上海"四史"故事等提出建议。[1]

2021年以来，上海学者的研究课题多次在国家级、省部级基金中成功立项，其中不乏与红色文化、红色资源相关的课题，如由中共上海市委党校副校长、教授曾峻任首席专家的2021年上海市专项委托课题"伟大建党精神在上海形成与发扬研究"，复旦大学马克思主义研究院助理研究员谈思嘉申报的2022年上海市社科规划年度课题青年课题"伟大建党精神的科学内涵与育人价值研究"，等等。在2023年上海市社科规划"研究阐释党的二十大精神"专项课题中，一批关于党的诞生地赓续传承红色资源的课题成功立项，如"党的诞生地传承弘扬伟大建党精神与用好红色资源实践研究""党的诞生地传承弘扬伟大建党精神实践研究"等。

近两年，随着伟大建党精神研究的日益深入、习近平文化思想的正式提出、上海市建设习近平文化思想最佳实践地的倡导，与红色资源相关的课题呈现大幅度增长的情况。从近期的项目立项情况来看，2024年上海市哲学社会科学规划"建设习近平文化思想最佳实

---

[1]　周渊：《赓续百年红色基因，为红色文化立根铸魂》，《文汇报》2021年1月24日。

践地"专项课题中与红色资源传扬相关的有"基于价值观塑造的上海红色文化实践地之数智化实现路径研究""智媒语境下上海红色文化短视频传播的审思与前瞻""弘扬伟大建党精神赓续传承上海城市红色文脉研究""吴越文化、江南文化、海派文化、红色文化关系研究""上海红色文化资源教育体系构建研究""中心城区旧改进程中的上海红色文化遗产传承保护和创新发展研究""弘扬伟大建党精神赓续传承上海城市红色文脉的条件、路径、评价及提升机制研究""上海城市记忆与红色资源保护传承研究""上海红色文化资源数字化转型研究""上海红色资源法治保障评估机制研究"等。从这批课题的主题来看，学界对于上海用好红色资源的政治站位、文化关系、立法保护、管理机制、传播途径等话题呈现高关注度。

2024 年 2 月，《上海市红色资源传承弘扬和保护利用蓝皮书（2021—2022）》出版，这是国内首部有关"红色资源传承弘扬和保护利用"的蓝皮书，以 1 篇调研总报告、13 篇专家学者的专题研究成果、17 个实践案例，全面展示了上海近年来在红色资源保护利用、红色文化传承弘扬方面的探索和实践，对于系统了解上海在红色资源保护利用方面的理念思路和制度安排有重要意义。

第三节　以研讨活动增强学术影响力

基于党中央和上海市委关于弘扬伟大建党精神、赓续红色血脉的部署要求，上海党史学界、博物馆与纪念馆学界切实组织好各类学术研讨活动，在把握学术前沿中不断增强研究的理论深度，进一步扩展上海在弘扬伟大建党精神、传承利用红色资源、推进党史学习教育常态化长效化等研究领域的学术影响。

首先，由上海市委党研室牵头，持续推动上海红色资源基础研究，主要体现在相关党史研究材料选编与权威著作的出版上，如围绕迎接党的二十大和上海市第十二次党代会召开，推出《新时代新步伐——2017—2022 年上海发展报告》《中共上海历史实录（2017.1—2022.2）》等系列最新研究成果；推出《中国共产党上海历史（修订版）》第 1 卷、《伟大的起点：中国共产党是这样创立的》，力求展现上海党的诞生地与伟大建党精神孕育地的伟大历程；推出"纪录小康工程"地方丛书，多角度书写上海小康信史、记录上海小康印记，揭示辉煌成就和历史巨变背后的制度优势和经验启示。

此外，上海连续 8 年举办"中国共产党的创建与上海"学术研讨会，连续 4 年举办"初心论坛"；2021 年 5 月，中共中央宣传部与中共上海市委联合举办学习宣传贯彻习近平新时代中国特色社会主义思想研讨会暨党史学习教育高端论坛；2023 年 5 月 30 日，"自信自强铸辉煌——红色文旅智慧融合发展峰会"暨中国博物馆协会纪念馆专业委员会 2023 年年会在上海举办，来自国家文物局、中国博物馆协会、中共上海市委宣传部、上海市文化和旅游局，以及相关革命类纪念馆、文旅企业的 300 余名代表参加会议，共同讨论中国革命历史类博物馆、纪念馆的未来发展之道；2024 年 6 月 27 日，在中共中央宣传部宣传教育局、中共中央党史和文献研究院第七研究部联合指导下，"弘扬伟大建党精神　奋进新时代新征程"研讨会在上海举办，这是首个全国性的伟大建党精神主题研讨会，得到全国高校马院、党史部门、党校、红色场馆的积极支持和热烈响应。一系列高质量研讨会议的举办，均将传承利用红色资源列为会议主题、征稿选题或分论坛主题，彰显了学界关于这一议题的高度重视。

第四节　以主题出版扩大学术传播力

红色主题出版是红色资源在出版领域的具体再现。上海是中国共产党的诞生地，也是党的出版事业的诞生地，一直以来，上海出版界把红色主题读物的编写和出版作为极其重要的出版事业来加以组织和推动。特别是近年，上海出版界更是牢记"党的诞生地"的崇高使命和责任意识，围绕大力弘扬伟大建党精神，组织开发红色资源、精心策划红色选题，出版了一批红色主题出版读物，为用好红色资源、大力弘扬伟大建党精神发挥了不可替代的重要作用。

这些红色主题读物将时间与空间的维度、历史事件和历史人物的维度紧密结合。在时间维度上，涉及中国共产党在上海创建的"史前史"（如《点亮中国：马克思主义在中国早期传播》《日出东方：近代上海与中国共产党的创建》《伟大觉醒：五四新文化运动与中国共产党的创建》）。在空间维度上，涉及树德里、辅德里、新渔阳里等红色文化地标。在历史人物维度上，涉及毛泽东（如《毛泽东诗词鉴赏辞典》）、陈独秀（如《陈独秀"说"》）、宋庆龄（如《宋庆龄与路易·艾黎》）、陈望道（如《追望大道：陈望道画传》）、聂耳（如《聂耳·上海记忆》）等人物，立体化地呈现中国共产党在上海诞生的历史逻辑、非凡历程和丰富细节。

同时，这些红色主题出版物既有严肃的学术著作，也有通俗易懂的普及读物；既有纪实文学，又有精美画册，甚至还有连环画。学术性著作紧扣对伟大建党精神和党在各个历史时期的伟大成就加以整理、传承、解读和阐释，内容基本覆盖了中国共产党百年史、中华人民共和国史、新中国成立后社会主义建设史、改革开放史、中国特色社会主义进入新时代后的发展史等，对艰苦卓绝的建党伟业和百年来党带领人民所创造的丰功伟绩作了全面的展示。连环画以其形神兼备、生动通俗的样式赋能红色经典，更好地触达广大读者，让各层次的读者喜闻乐见，其中，《日出东方：庆祝中国共产党成立一百周年连环画专辑》《画说新渔阳里6号》《半小时漫画党史（1921—1949）》《半小时漫画中共一大》获得较高关注。

　　上海人民出版社和上海市委党史研究室成为出版编写红色主题读物的主力军。上海人民出版社成立了"上海市党的诞生地主题出版中心"，全力推进以党的创建、建设和共产党人精神风貌为研究重点的理论著作出版。联合浙江省嘉兴市共同开展"中国共产党创建史料长编"研究编撰，结合党史学习教育和"四史"宣传教育，编印出版《上海红色文化地图（2021版）》，出版《跟你走——庆祝中国共产党成立100周年优秀歌曲300首》《在灿烂阳光下——庆祝中国共产党成立100周年优秀歌曲集》音乐主题出版物，推出《12堂"四史"公开课》《文献中的百年党史（1921—2021）》等主题出版物。加强档案史料发掘研究，专项支持并会同党史、音像等部门共同发布从俄罗斯采集的中文报纸《工人之路》档案史料。《当好改革开放的排头兵——习近平上海足迹》入选第十六届精神文明建设"五个一工程"特别奖和中宣部2022年主题出版重点出版物。许多党史作品还被译介成外文向外推广。如《火种——寻找中国复兴之路》英文版、中文繁体版已分别由加拿大皇家柯林斯出版集团、香港中文大学出版社出版；俄文版入选 2021 年度"丝路书香"工程项目，已由俄罗斯学术研究出版社出版；韩文版和越南文版入选 2022 年度、哈萨克文版入选 2023 年度"丝路书香"工程项目。《百年大党正青春》俄文版、《钟英：中共中央在上海 1921—1933》俄文版也同时入选 2022 年度"丝路书香"工程项目。

当下，媒体融合的出版新形态也得以体现。媒体融合的新形势，对单纯囿于传统纸质图书的出版形态带来一系列挑战。红色主题出版物的编写和出版，同样面临这样的挑战。许多出版社在推出自身的红色主题出版物过程中，有意识采用了形式多样的媒体融合出版新手段，包括电子书、有声书，以及链接到互联网平台的音频和视频体验等，以多维度、全媒体的方式丰富了读者的阅读体验。比如上海音乐出版社 2021 年 6 月出版的《百年赞歌——庆祝中国共产党成立 100 周年优秀歌曲集》，围绕"百年赞歌"主题，以历史为轴线，遴选了中国共产党成立百年来具有经典性、代表性和艺术性的优秀歌曲 300 首，按时间顺序编排，有独唱、齐唱和多声部合唱等演唱形式。上海音乐出版社还充分运用音频与文字相结合的手段，使得书中的大部分作品都配有相应的二维码，读者只要扫码就可以听到相应作品的范唱或伴奏音频，每首歌曲后面还都附上了作品赏析。媒体融合的出版新形态顺应了当下大众阅读的新习惯，完全可能生发出传统纸质图书不断拓展的全新空间。

从红色主题出版物的宣传推广来看，不少出版社都在积极主动地采用复合营销手段，除了在出版社自己的官网、多媒体平台和微信公众号上以图文结合的方式加以宣传推广，还同时采用了官方互联网媒体矩阵（包括抖音号、微信视频号、小红书号等）、在线直播及其他第三方新媒体平台如"樊登读书"（如今已改名为"帆书"）、当当、京东等进行辅助营销推广。比如上海人民出版社《七月热风：上海1921》，是市委党史研究室研究员吴海勇根据翔实的报刊史料加以精心选择，对 1921 年 7 月上海发生的时事所作的系统梳理，逐日描写了上海这座城市在那个炎夏发生的故事。图书出版后，出版社和作者联袂举办了多场作者签售、见面会，并借助图文新闻稿、微信公众号图文推送、音视频活动推送、抖音和"樊登读书"等第三方多媒体渠道，有效助推图书的宣传推广和销售。

第五章
传承红色文化，打造建党故事传播高地

2019 年 1 月 25 日，习近平总书记在中共中央政治局第十二次集体学习时强调，推动媒体融合发展、建设全媒体成为我们面临的一项紧迫课题。党的十九届四中全会通过的《中共中央关于坚持和完善中国特色社会主义制度　推进国家治理体系和治理能力现代化若干重大问题的决定》明确要建立以内容建设为根本、先进技术为支撑、创新管理为保障的全媒体传播体系。党中央对于"全媒体"的高度重视，正是出于全媒体时代出现了全程、全息、全员、全效的媒体发展面貌，舆论生态、媒体格局、传播方式发生着快速、深刻变化。在全媒体背景下突破红色文化的旧有传播模式，寻求新载体、新渠道、新平台，并以受众习以为常的日常化、碎片化形式讲好红色故事，对于红色资源的传播利用来说是一项长远而深刻的挑战。

"十四五"期间，上海进入高质量发展新阶段。面对百年未有之大变局，上海牢记嘱托，并对标中央要求、人民期盼，对照国际最高

标准、最好水平，提出了"党的诞生地发掘宣传专项行动"，把建党精神与城市精神相结合，在发掘保护建党历史资源、加强建党历史和建党精神研究、深化建党伟大业绩传播、打造建党主题文化精品、开展红色文化社会宣传、深化红色文化宣传教育、开发红色旅游精品线路等方面部署工作。同时，上海努力实现增创优势、抢占先机、主动出击，以多种文艺形式、多种媒介平台对较高知名度的红色历史题材进行发掘和二度创作，着力讲好党的诞生地的故事，强化红色文化的传播力度，全力打造建党故事传播高地。

第一节　守正创新，推动红色主题展览高质量发展

　　红色主题展览作为红色资源活化利用和创新服务的一项重要举措，在改善红色资源承载机构与广大社会公众的关系上发挥着不可估量的作用。通过举办展览，革命文物、史料档案、影像口述等红色资源从相对单调平面、不易理解的符号化世界转向形象生动、鲜活立体的物质化世界，并借助多元具象的辅助展品和策展人独到的展览语言，拓展为适合观众接触党史知识、感悟革命精神的特殊体验。

　　近年来，红色主题展览的主要承办方——各级各类革命纪念类博物馆、纪念馆等公共文化场馆在加强爱国主义教育、培育社会主义核心价值观弘扬爱国主义精神方面发挥了越来越重要的作用。众多红色主题展览相继推出，让更多珍贵的资料和史实为公众所了解，同时也发挥了"引导人民树立正确的历史观、民族观、国家观、文化观"的

重要作用。上海的主要实践集中在各类博物馆基本陈列的改造提升、各种红色专题展览的定期举办两方面。

一、用心打造红色精品陈列

历经两年改造建设，中国共产党第一次全国代表大会纪念馆新馆于 2021 年 6 月 3 日正式对外开放，其基本陈列"伟大的开端——中国共产党创建历史陈列"，分为序厅、"前仆后继、救亡图存"、"民众觉醒、主义抉择"、"早期组织、星火初燃"、"开天辟地、日出东方"、"砥砺前行、光辉历程"和尾厅共七个部分，着重展现中国共产党诞生的历史必然性，生动讲述中国共产党第一次全国代表大会在上海召开这一开天辟地的历史事件。展厅面积约 3700 平方米，综合采用文物实物、图片图表、动态视频、油画雕塑、实景还原、多媒体声像等多种展示手段，展出各类展品 1168 件，包括文物展品、艺术品、视频、置景、沙盘、模型等。由此成为一座全面反映党的创建历史的综合性纪念场馆，更是一座讲述建党故事、彰显建党初心、诠释伟大建党精神的红色殿堂，对于发掘中国共产党的历史根脉和精神基因，追寻革命火种、赓续红色血脉、传承信仰之光，培育好、守护好中国共产党人的精神家园具有十分重要的意义。

除此之外，前文提到的"五址"也都已完成修缮和展陈提升工作。如中国共产党发起组成立地（《新青年》编辑部）旧址除史料展陈外，以"现实生成"技术，通过一块互动式屏幕能够录入参观者的影像，将参观者的影像融入百年前的历史场景中，使每一名参观者都有成为历史的"见证者"之感；中共中央政治局机关旧址（1928—

1931 年）的"白色恐怖下的红色中枢"史迹陈列展运用沉浸式影片、历史图文、实景还原、情景互动等手段，围绕"腥风血雨中重回上海""革命在低潮中奋起""出生入死忠诚守护"三部分内容展开，展陈充分结合旧址建筑空间特点，实景还原机关原貌，设置情景互动增加观展多样性体验，为参观者呈现一个可看性、参与性较强的观展空间；中共中央军委机关旧址在原有 200 张图片、30 余件实物的基础上，新增一批文物复制件，并运用图文、实物、雕塑、音视频等多种展陈形式，讲述中共中央军事部自 1925 年 10 月在上海成立至 1933 年 1 月中共中央军事委员会离开上海近 8 年间的历史变迁；中共中央秘书处机关（阅文处）旧址展览运用图文资料、观众互动、情景演艺等，再现了中央秘书处从 1926 年成立至 1933 年初中共临时中央迁往革命根据地的历史；中共中央特科机关旧址展览则分为"应运而生：中央特科成立""屡建奇功：中央特科主要勋绩"和"群英荟萃：中央特科著名人物"三大部分。

2024 年 7 月 23 日，改造提升后的中国共产党代表团驻沪办事处纪念馆（周公馆）重新对外开放。修缮团队本着"修旧如旧"的原则，力求在不改变原有风貌的基础上，恢复建筑的原有特色和历史面貌，同时引入现代化技术和材料，提升建筑的安全性能，使其既能讲述过去的故事，又能适应未来的发展。同步亮相的周公馆 73 号"为了真和平而奋斗到底——中国共产党代表团驻沪办事处史迹陈列"生动讲述周恩来、董必武等中共代表团成员在周公馆艰苦奋斗、推动民主革命走向胜利的故事，全面呈现 78 年前中国命运转折交汇点上国共谈判的历史，深刻体现中国共产党人为了真和平、真民主而奋斗到底的崇高革命精神；周公馆 71 号则向观众呈现了"周恩来在上海"

专题展览，以周恩来在不同历史时期在上海奋斗的"足迹"为叙事脉络，全面回顾周恩来为上海的解放和发展、为上海人民的幸福生活鞠躬尽瘁的奋斗历程，追寻伟人足迹，汲取奋进力量。展览充分运用沉浸式场景复原、文物故事组团及博物馆空间叙事等展示手段，并在整体氛围设计上创意性地将海派文化、江南文化与红色文化进行多角度的融合，增强观众的体验感和获得感。周公馆基本陈列的全面焕新，是小型纪念场馆"螺蛳壳里做道场""小切口叙大历史"的一次创新尝试。

二、持续策划红色专题展览

不同于基本陈列，红色专题展览能够结合时事热点、政治需要和节日纪念日等，在相对短的时间内推动研究成果与社会关切转化为红色文化产品，实现红色资源的推陈出新。在上海市大力弘扬伟大建党精神的大背景下，2022 年 1 月，中共一大纪念馆与上海图书馆联手推出了全国首个以伟大建党精神为主题的大型原创展览"伟大精神铸就伟大时代——中国共产党伟大建党精神专题展"。此次展览是近年来，上海市依托红色资源推出的最具代表性、最具传播性、最具延续性的以弘扬伟大建党精神为主题的专题展览，其主要亮点可概括为以下几个方面：

（一）全国首个以"伟大建党精神"为主题的大型特展

展览于 2022 年 1 月 25 日开幕，距离习近平总书记"七一"重要讲话首次提出伟大建党精神仅过半年时间，是全国范围内首个以"伟大建党精神"为主题的大型特展。不仅如此，展览开创性地以中宣部发布的首批纳入中国共产党人精神谱系的 46 种伟大精神为串联，共展出精心挑选的 170 件（套）文物文献，集结打造文物矩阵，注重挖掘展品背后的历史故事，范围广泛，品类繁多，全景式展现百年大党的精神力量。展览从 1 月底向社会开放一直展出至 8 月底结束，200 多天的超长展期，引发社会广泛关注，是上海在全国范围内，弘扬伟大建党精神、赓续传承红色血脉的一次重要实践。

（二）创新推出定制化全国巡展

以往的展览在做巡展时，大多会集中在一个城市内，或者将其列为两三个友好城市之间的文化交流项目。"中国共产党伟大建党精神专题展"则是在全国各地展出，充分联动全国红色场馆、图书馆、高校等，将伟大建党精神送到全国各地。该专题展自 2022 年 2 月 27 日在北京启动首站以来，至 2024 年 9 月已成功举办 356 场，其中图片展 306 场，覆盖全国 23 个省区市。

大多数展览在做巡展时，通常会选择方便安装携带、通用性较强的图文展板作为展览形式，这种方式非常标准化，但也缺少了可改动和选择的余地。"中国共产党伟大建党精神专题展"则花费大量精力，首创以中心展为基点，推出四种不同的巡展样式，供合作单位选择，包括：经典图文版、展项＋图文版、车载流动版、特色文物结合版等。图文版特别设计了 48 块展板、65 块展板、125 块展板 3 套不同内容的版面，满足各家单位的特异化需求。巡回流动展车不光作为交通承载工具，本身更成为一个移动展示空间，特别将图文、实物、多媒体、场景复原、文创产品等多种元素一同纳入了设计之中，风格明快、独具特色。特色文物结合版的巡展样式则是结合馆藏与当地的代表性革命文物调整展陈设计，让巡展的内容更为丰富立体，也使当地的红色文化得以结合融入。

（三）灵活运用多种创意展项，丰富观展体验

展项是一个展览与观众联系最为直接的方式，展项所传递出的信息量、代入感、交互感，很大程度上决定了观众对展览内容的吸收程度，决定了展览的教育价值。"中国共产党伟大建党精神专题展"的设计重心便是创意展项，强调共情式表达，抓住各类精神实质和表现重点，打造极富冲击力和渲染感的整体氛围。同一展项中尝试融合多种表现手法，通过艺术化、场景化、互动式、共情式等创新传播理念，同时因景制宜地嵌入文物展品，将文物与展项协调融合，给观众强烈的视觉、情感和体验冲击，精心设计了 19 个不同类型的创意展项和互动体验模式，运用多媒体制作、投影、影视宣传片、实体沙盘、场景营造、国画、仿真模型、互动体验装置、数字化影像演绎等十余种展示手段，感性地传递精神内涵，让精神的力量更加鲜活生动。例如，"冰水拧阀"展项的布设，让观众体验极寒条件下大庆工人的艰辛奋斗，亲身感悟大庆精神的深刻内涵；女排场景则意在把观众带回 20 世纪 80 年代弄堂里挤挤攘攘看女排比赛时的场景，回忆女排健儿们奋力拼搏的身姿，回忆那一次次扣杀带给我们的痴狂，回忆女排精神的伟大力量；展览最后，视频《精神的力量》让很多观众眼含热泪，精神的力量浸润心田。

（四）围绕展览，激活新业态

在以往博物馆、纪念馆相关场所的工作实践中，通常会将展览与

社教、文创、研究活动分开策划，或者联合其中两个板块组织一个大活动。"中国共产党伟大建党精神专题展"首次尝试彻底打破各板块之间的界限，从关联化布局的方针入手，疏通整个生态链条，着力构建展览新业态。

一是以展促产。"一大文创"品牌专为展览创设"一大文创快闪店"新型模式，在本有的丰富品类基础上，专题开发 4 款文创新品，并在全国巡展中同步推广。

二是以展促研。以展览为契机，举办"弘扬伟大建党精神　奋进新时代新征程"学术研讨会，设置两大分会场、三大议题，线上线下汇集 70 余位专家学者，不断深化伟大建党精神研究阐释。

三是以展促教。展览配套推出"百物进百校、百讲证百年"青少年红色文化教育品牌，挑选 100 件文物藏品进校园、入课堂，让学生在近距离感受文物魅力的过程中学党史、强信念。

（五）持续对展陈内容进行升级

通常情况下，展览改造升级项目多是针对基本陈列而言。然而，作为一个专题展览，"中国共产党伟大建党精神专题展"一直在探索升级的途径。2023 年 4 月，展览的"升级版"，即"精神之路——中国共产党人伟大精神文物史料专题展"诞生了，邀请了全国 26 家场馆联合主办，共同讲述中国共产党人精神谱系的伟大力量。此外，该专题展还探索了以文物故事作为展陈设计主体的新模式，打破了纪念馆常用传统图文版的固有思维。后续的巡展以及红色研学活动还在进行中。

2022 年 9 月由陈云纪念馆承办的"红色江南——2022 长三角党

史纪念地巡礼展"也是非常具有代表性的展览实践。该展不仅是对一个新主题的深入探索，还成功打破了地域的限制，整合并精选上海、江苏、浙江、安徽各地的红色资源作集中展示，由中共中央党史和文献研究院第三研究部指导，中共上海市委党史研究室与江苏省、浙江省、安徽省三省党史研究部门共同主办，旨在展现中国共产党在长三角地区所表现出的中国革命精神。

中共二大会址纪念馆推出的"红色足迹——中国共产党党章历程展"和中共四大纪念馆推出的"固本强基筑堡垒——中国共产党早期支部建设图片史料展"，是在深入挖掘本馆特有的红色基因、红色记忆的基础上进行扩展延伸，梳理出一套观众能够轻松吸收并掌握的知识体系，并将其转换为优质的展览成果，非常值得借鉴。

除重点分析的案例外，上海其他各红色纪念地也在积极上线各类展览，包括"百年征途奋今朝——党旗、党徽、党章专题展""光明摇篮　精神之源——迎二十大上海红色文物史料展""不忘初心　伟大征程——从建党到建国红色文物史料展""选择——钱学森的初心与信仰""庆祝建党百年　弘扬英烈精神"等，深入贯彻落实党的二十大报告中"用好红色资源"的重要要求，成为上海充分利用红色资源的重点做法。

第二节　走出库房，让文物档案"活起来"

长期以来，不少机构将文物、档案、史料等红色资源封锁在不见天日的库房中，致使许多珍贵资源无法与社会公众见面，枉谈发挥其教育效能。可喜的是，近年来一批机构率先探索文物档案的活化利用形式，主动让越来越多的红色资源走出库房、告别"历史的尘埃"，真正走入社会公众的日常生活，增加红色资源的曝光率、使用率，让贮藏在库房中的红色档案、革命文物真正"活起来"。下文试以具体案例为引，分析一批资源贮藏机构的创新途径。

一、提升红色档案曝光率——以上海市档案馆、上海图书馆为例

（一）上海市档案馆全方位发掘利用馆藏资源

更好地开发红色藏品的使用场景、丰富红色藏品的使用方式、提升红色藏品的使用频次，是做好红色资源利用所必须思考的问题。红色资源中不可忽视的一个重要组成部分便是红色档案。上海市档案馆与上海图书馆作为上海乃至全国红色档案的收藏重镇，其在发掘、保护与传播红色档案方面积累了丰富经验。

自 2021 年起，上海市档案馆发力开发利用红色档案资源，在全力支持配合国家级和市级重大红色文化项目，积极为中国共产党历史展览馆、中共一大纪念馆等红色文博场馆的建设提供馆藏红色档案的同时，采取了很多颇有力度的举措，让红色档案活跃了起来，使之在传承红色基因、助力坚定理想信念方面发挥独特作用，带动红色资源的运用走上新台阶。

1. 建章立制，加强红色档案保护利用

上海市层面对红色档案工作的大力支持，是一切活动开展的基础。2021 年 10 月 28 日，《上海市档案条例》（以下简称《条例》）由

上海市第十五届人民代表大会常务委员会第三十六次会议修订通过并公布，并自 2021 年 12 月 1 日起施行。《条例》对接新修订的《中华人民共和国档案法》和新近施行的《上海市红色资源传承弘扬和保护利用条例》，坚持档案工作的政治属性，首创性地制定了"红色档案保护利用"专章，明确红色档案的定义范围，鼓励支持档案馆以及其他档案保管单位加强红色档案的开发，利用红色档案开展党史学习教育、理想信念教育、爱国主义教育等主题教育活动。

上海市档案馆快速响应，先后制定印发《加强红色档案资源保护和利用工作的意见》《上海市红色档案资源管理办法》（以下简称《办法》），以及与《办法》配套的《珍贵红色档案资源申报认定细则》《红色档案资源保护修复指南》，启动全市档案系统红色档案资源普查工作。

2. 挖掘整理，集中出版红色编研成果

从 2019 年开始，上海市档案馆在充分利用馆藏革命历史档案的基础上，编撰推出了一批红色编研成果，其中比较重要的有《党在这里诞生——中共一大会址、上海革命遗址调查记录》《初心的传承——中国共产党人的家风》《换了人间——共和国记忆》《跟着档案看上海》《永远和党在一起——中国福利会英文历史档案选编》等。这些书籍各有各的特色，从不同的角度丰富了红色档案的研究，具体有以下方面：

针对特定主题，全面收集整理相关档案。比如《党在这里诞生——中共一大会址、上海革命遗址调查记录》，汇集了新中国成立初期上海对中共一大会址、《新青年》编辑部旧址、毛泽东 1920 年来沪时的寓所旧址等革命遗址进行调查考证、修缮恢复的珍贵档案记录，多角度还原了中国共产党创建的历程。其中不少档案为首次公布，是深入研究中共党史的第一手资料，弥足珍贵。《初心的传承——中国共产党人的家风》档案文献图集以不同历史时期30位优秀共产党人特别是老一辈革命家感人的家风故事为主线，通过240余件档案史料，将中国共产党人的优良家风生动地呈现在读者面前。

从馆藏档案资料入手，开展深入研究。《永远和党在一起——中国福利会英文历史档案选编》一书是馆藏中国福利会英文历史档案（共203卷、17247页）第一阶段整理研究成果，集中反映了宋庆龄领导下的保卫中国同盟和中国福利基金会在医疗卫生、儿童保育、工业合作等各方面全力支持陕甘宁边区建设的史实，为党史、抗战史、统一战线史研究提供了第一手史料。《跟着档案看上海》荟萃了中共一大会址、周公馆、人民广场、东方明珠广播电视塔、南浦大桥等14个城市地标，从档案的视角进一步挖掘和呈现上海红色文化、海派文化、江南文化的深厚底蕴。

3. 主动出击，打造多元化红色档案文化精品

以往，档案馆不常主动策划文化活动，通常都是其他博物馆、纪念馆根据需要向档案馆借文物，这导致档案的利用率并不高，有些档案很难获得出库机会。近些年，上海市档案馆深度挖掘馆藏资源，主动联络其他单位举办了一系列文化活动，大大提升了红色档案的利用效率。2021年的"建党百年　初心如磐——长三角红色档案珍品展"，精选长三角三省一市20多家档案文博部门的近500件红色档案，展示中国共产党坚守初心使命，团结带领人民谋求民族独立和人民解放的伟大历程。同年的"江山就是人民　人民就是江山——红色档案见证中国共产党百年奋斗之路"档案展，运用500余件红色珍贵档案，

展现了中国共产党始终与人民心连心、同呼吸、共命运的奋斗历程。不单是展览，上海市档案馆还联合上海戏剧学院推出反映中国共产党创建历史的话剧《渔阳里的"大人物"》，指导上海音乐学院创排以"中央文库"历史为蓝本的音乐剧《忠诚》，将红色档案元素融入戏剧、音乐之中，生动刻画共产党人的忠诚与担当，展现伟大建党精神。这些活动，体现了市档案馆在推动红色档案开发利用上的积极态度，由"被动"变"主动"，展现了挖掘红色资源的多种可能性。

4. 数字赋能，拓展红色档案传播新空间

上海市档案馆一直在发力搭建全市性红色档案专题数据库，推动红色档案数字化转型，着力推进红色档案资源共享和利用。与此同时，档案馆还作了一些有趣的数字化尝试。例如2019年，市档案馆与音频分享平台"喜马拉雅"、东方网联合在全市范围发起故事朗读者招募活动，筛选出23位来自各行各业的市民，邀请他们朗读"城市记忆 上海传奇——庆祝上海解放70周年档案文献展"重点展品的解说词。在"喜马拉雅"平台上，市民朗读的上海解放珍档音频收听人数累计突破1.3亿人次。2021年，市档案馆与上海广播电视台合作进行了两次大直播，分别向公众推介"江山就是人民 人民就是江山——红色档案见证中国共产党百年奋斗之路"档案展和"城市记忆 时光珍藏"主题常设展，线上观众踊跃。数字赋能让红色档案资源更接地气、更深入人心。

（二）上海图书馆探索红色文献新用法

纸质类文物是革命文物中非常重要的一部分，除档案外，另一类重要的纸质文物便是红色文献。与红色档案相同，理好、用好红色文献是最大化利用红色资源的必经之路。上海图书馆作为全国范围内最重要的红色文献收藏场所之一，在做好发掘、保护工作之余，近些年针对红色文献的利用推行了许多颇见成效的举措。

1. 发力公众服务，探索创新模式

其一，结合馆藏文献资源，积极开展阅读推广、展览、阅读行走、主题讲座等文化普及活动。自 2018 年起，上海图书馆举办了各类红色文化专题展 20 余场，其中"真理光芒耀申江——马克思恩格斯手稿与上海红色风华"主题展期间，同步开发了"思想的光芒——马克思主义与上海"等 4 条阅读行走路线，并举办了相关的主题讲座，其中"思想的光芒"主题系列讲座被观学院收录并制作线上讲座，其衍生微党课《共产党宣言》的前世今生"获得市宣传系统"讲好中国故事"微团课优胜奖，获得了较好的社会效应与评价。

其二，经过数年的红色文献资源开发利用与公众服务的积累，上海图书馆研发红色旅游小程序。通过该小程序，所有人都可以一边行走参观，一边通过手机了解上海红色历史背景。此外，通过"革命（红色）文献知识服务平台"，还能直接阅览平台下上海所有合作图书馆、学术机构及红色教育基地的文献资源。不仅如此，平台下的红色旅游网页手机端收录上海 1000 余个红色景点，通过手机定位，还能实现智能红色旅游景点搜索、AI 旅游路线规划，可随时切换至百度地图、腾讯地图、高德地图等地图程序进行准确路径导航，走到哪里讲到哪里，自定义属于自己的红色之旅。

其三，开创"文献党课"品牌活动。文献党课的设立原本是为了更好地将理论与实践相结合，为上海图书馆历史文献中心党支部开创更具有活力的综合性党课。该品牌活动一经推出，不仅获得了馆内

的积极响应与参与，同时也吸引了各级机关企事业单位以及社会团体等党委、党支部、团委以及团支部的积极参与，形成了"以'学'为先导，围绕'文献＋展览'""以'创'为动力，采用'参观＋推广'""以'做'为根本，服务'馆内＋馆外'""以'新'为目标，结合'理论＋实践'"多种特色，通过人、文献与空间三者的有机结合，产生更为立体的阅读环境与双向交流的模式，成为公共图书馆阅读推广服务创新的一种有益尝试。

2. 多角度、全方位为研究者提供文献服务

其一，与出版社合作，上海图书馆自主立项或者参与其他机构立项，围绕馆藏红色文献资源出版相关主题出版物。现已推出《上海图书馆藏革命文献总目·书目编》《上海图书馆藏革命文献总目·图录编》，其中"书目编"收录了近 9000 种各类红色图书及非书资料。

其二，上海图书馆结合馆藏历史文献数字化项目，积极开展"革命（红色）文献知识服务平台"的研发。该项目于 2019 年完成，平台的建立让红色文化、红色记忆经由信息技术的加持，成为新的社会记忆系统，能对人们获取、理解、分析、使用信息和知识带来变革，改变知识的生产、创造和人们的生活、学习方式，产生巨大的精神动能，为社会各界更好、更全面、更便捷、更多维地运用馆藏红色文献资源提供重要的保障、作出新的创新尝试。此外，该平台还与宋庆龄研究会共同合作，深入开发宋庆龄文献专题数据库，为平台与其他红色文献馆藏机构共联共建，共同打造更具深度与广度的红色文献资源平台提供了更多实践。

3. 积极主动为市委、市政府等相关工作提供支持

上海图书馆是最早参与上海"党的诞生地"发掘工程以及"红

途"平台建设等红色主题工作的机构之一。同时，为公众提供红色文化弘扬与普及教育，为学术机构与个人提供文献资源的研究保障，同样是在党中央与上海市委、市政府对于国家红色文化、精神开发与传承的指导下，积极参与支持相关工作的持续推进。

此外，上海图书馆积极利用馆藏文献资源，为徐汇区文化和旅游局、杨浦区委宣传部、徐汇区徐家汇街道等所属辖区内的红色文化资源的开发利用提供保障，并被徐家汇街道授予首批社区文化氛围建设智囊团成员。

二、增加革命文物利用率——以"格物弘源"文物藏品鉴研会为例

习近平总书记指出，要认真贯彻落实党中央关于坚持"保护第一、加强管理、挖掘价值、有效利用、让文物活起来"的工作要求，全面提升文物保护利用和文化遗产保护传承水平。中共一大纪念馆依托 12.8 万件丰富馆藏，于 2023 年 8 月起推出"格物弘源——中共一大纪念馆文物藏品鉴研会"（以下简称"格物弘源"鉴研会）。"格物"出自《礼记·大学》，意为推究事物的原理；"弘源"即为弘扬伟大建党精神，由此活动举办的本意是加强对革命文物的深入研究，进一步推动伟大建党精神的阐释和弘扬。活动举办以来，获得上海新闻、彭湃新闻、文汇报、劳动报等多家媒体报道，产生了良好的社会反响。

（一）紧扣热点时政话题，专题展会形式呈现

牢牢把握住重要纪念日、时政热点或话题，将每场活动办成一个

微型展览会，是"格物弘源"鉴研会活动的一个鲜明特点，故而活动的主题与内容策划是重中之重。为此，每期活动开展前馆方首先择选一个固定主题，围绕主题精心挑选文物，将文物藏品进行专题化展示。

就目前活动的开展情况看，主题涉及中共一大、二大、四大召开过程及前后历史，党的军队建设、纪律建设、工运及工会建设、抗战历史等，并贴合重要时间节点，聚焦中法文化交流、革命英烈、红色学府、教育工作等。自首场活动举办至 2024 年 9 月，鉴研会已经举办 13 期，围绕相关主题共展出文物藏品 1014 件，种类涵盖文件、书籍、报刊、实物及照片。许多难得走出库房的文物与观众近距离见面，给人们带来心灵的震撼。

（二）馆际、馆校协同合作，携手联动多方资源

鉴研会活动充分发挥馆际、馆校的合作联合，借助中共一、二、四大场馆管委会和中共一大纪念馆・上海大学国家革命文物协同研究中心等平台，与中共二大会址纪念馆联合主办"建章立制　指路明灯——围绕二大与党章发展相关革命文物探究"专场，与中共四大纪念馆联合主办"顶天立地　力量之源——呈现中共四大召开前后历史的革命文物探究"专场，充分推动中共一、二、四大场馆的联动发展；与上海大学联合主办"百年上大　红色传承"专场，与复旦大学联合主办复旦文物专场，充分整合馆校力量，为革命文物的研究保护、宣传教育尤其是对思政课建设的深入发展作出积极探索，提供了新路径。如在"铭记历史，致敬英烈"专场活动中，复旦大学科技考古研究院副教授文少卿介绍了其团队自 2015 年起基于高通量测序技

术建设国家英烈 DNA 数据库，并为吕梁无名烈士寻找亲人的故事，深深感动了现场观众，使复旦大学与一大纪念馆再度携手合作、共同弘扬革命先烈精神。

（三）广邀各界重磅嘉宾，引入社会力量参与

鉴研会活动参与人员年龄层次涵盖老中青各年龄段、各职业背景，有高校的师生、科研院所的研究人员、博物馆纪念馆的相关工作人员、烈士后人等，范围广，人员背景多样化，充分体现了该活动的覆盖面广、影响力深。

截至目前，出席鉴研会活动的专家和嘉宾有 60 余位，包括复旦大学、华东师范大学、上海大学、上海师范大学等高校的教授学者，南京市雨花台烈士陵园、上海淞沪抗战纪念馆、上海犹太难民纪念馆、南京民间抗日战争博物馆等红色场馆的相关负责人及藏品专家，中共上海市委党史研究室、上海市社会科学界联合会、上海市中共党史学会等机构的资深党史研究专家，均对活动给予充分的肯定和支持。在庆祝中法建交 60 周年推出的"中法文化交流"特别场中，更邀请到法国驻沪总领事馆、中共上海市委党校、上海社会科学院、上海外国语大学的外宾与专家参与，通过文物藏品讲述中法文化交流的历史故事，增进两国人民的文化交流和相互了解。

（四）充分寓学、寓教于乐，重视社会辐射效益

2024 年初，在新春佳节来临之际，鉴研会特别举办"贺新年"专场，在活动现场演绎 20 世纪 20 年代上海街头发放《人平歌》贺年片的情景，党的二十大代表、中共一大纪念馆宣传教育部主任杨宇为

现场观众带来《春节里的红色记忆》讲演节目，通过对馆藏《太平歌》贺年片背后历史故事的挖掘，讲述贺年片的历史起源和演变，并展现革命者在各个历史时期庆贺新年的不同方式，同时还用沪语朗诵民谣，整场活动气氛热烈活泼。

此外，"格物弘源"鉴研会也成为社会向中共一大纪念馆捐赠藏品的平台。热心市民通过参加这个活动，了解到了革命文物的重要性以及放在博物馆、纪念馆中的意义，纷纷表达了捐赠意向。更有多位热心观众成为鉴研会的"常驻"参与者，多次踊跃报名参加，与场馆积极交流活动心得，为活动的举办提出不少有益的建议。

总之，"格物弘源"鉴研会不仅是把库房文物拿出来给大家鉴赏，提高文物的利用率，更是一个馆际交流、馆校交流、中外文化交流和互通互鉴的重要平台。通过鉴研交流，共同挖掘文物藏品的历史背景、时代价值，发掘其承载的理想信念和伟大精神，为利用红色资源丰富大思政课教育提供更多的历史佐证和更加详细的历史文化讯息。

第三节 百花齐放，繁荣红色文艺精品创作

上海厚重、深邃的红色历史一直是文艺工作者取材创作的重要田地。近年来，一批贴合时代脉动、创新表达形式的红色文艺作品频频"破圈"，更有成为现象级的热点，让红色文化在更宽广的维度传播。从文学到舞台，不同形态的作品殊途同归，在文化交汇融合中壮大主流价值、传承红色文脉，打造文化自信自强的上海样本。

一、红色经典的活力表达——以舞剧《永不消逝的电波》为例

作为新中国电影谍战片的教科书，1958 年的《永不消逝的电波》在几十年中不断被经典重读与再经典化，业已成为艺术跨门类改编的典型 IP。其中，根据电影改编的同名革命历史题材舞剧（以下简称舞剧《电波》）一经问世便受到国内外专家学者以及广大观众的热烈追捧和响应，并获得"五个一工程"奖和"文华大奖"等殊荣，成为新时代革命历史题材舞剧的杰出代表。舞剧《电波》的成功主要在于以创新性、现代性的表演语言讲好了红色经典故事。

（一）内容为王，构筑红色经典的多维叙事

不发一言却要表其意，这是利用舞剧形式讲好一个充满悬念的红色谍战故事的困难所在。而舞剧《电波》在尊重李白烈士真实人物经历的前提下大胆改编创作，除了铺设出李侠潜伏敌上海 12 年秘密开展地下工作直到壮烈牺牲在上海解放前夜这条主线外，还巧妙融入主角人物的感情线，将李侠与兰芬的爱情故事塑造得真挚动人、催人泪下。此外，舞剧精心创设了一系列生动鲜活的人物形象。该剧的核心人物几乎都拥有多个身份，表面扮演着记者、车夫、交通员、裁缝等，但其实是地下工作者或国民党特务。编剧对每个角色和任务都进行精心编排、揣摩人物的心理活动，通过角色之间的互动推动剧情的发展，这令人物关系变得错综复杂、剧情跌宕起伏，处处充满戏剧性的矛盾冲突。在以既定故事为叙事走向的基础上，舞剧从容地将特定戏剧情节融入舞蹈呈现中，将"舞"与"剧"的关系拿捏得当，由此

让"舞"有了魂，也让"剧"有了别致的呈现方式。

舞剧《电波》大量挪用电影中蒙太奇的叙事表现手法，大大增加了戏剧的观赏性和戏剧性，如在紧张激扬的"李侠冒险发报"一幕结束后，灯光转暗，暗示时间、场景发生转换，随后很少全部打亮的灯光渐次亮起，喻示着暗夜过去，晨曦出现；和着悠扬的《渔光曲》旋律，一个个身着旗袍的女子在弄堂里缓缓起舞，生动呈现了上海市井生活的腔调，同时又与全剧惊心动魄的谍战情节形成鲜明对比，充分调动了观众的情绪，使得全剧感情张力拉满。

在表现谍战剧扣人心弦的紧张氛围时，舞剧《电波》巧妙运用了灯光、舞台布景等元素，通过光影的变换、色彩的对比、音效的起伏，使观众有身临其境之感。编导擅长利用舞台空间的叙事切割，时而将舞台分裂为多个平行时空，时而在同一时间内表现多个情节，达到知情意的融合。

（二）面向未来，推动红色艺术融入当代表达

正如编剧罗怀臻认为："在创造性转化、创新性发展红色经典文艺作品的过程中，我们要对作品的主题内容、精神内涵一脉相承，也要善于创新艺术形式、融入当代表达。要以当下的艺术表现手法和传播手段，让当下的年轻人无障碍地接受。唯有如此，经典才会在不断的诠释演绎中永葆生命力。"[1]舞剧《电波》能够大受欢迎、成功出圈的关键之处便在于对红色经典的现代演绎，这不仅得益于故事和技

---

[1]　罗怀臻：《从电影到舞剧，一甲子后，"电波"的魅力为何穿透时空》，载人民日报社文艺部编：《品味红色经典》，大有书局 2022 年版，第 157—158 页。

术的巧妙融合，更在于主创团队抓住了从古至今人类历史贯穿始终的主题——爱与信念，这是其情感的归宿与情绪的基调。

故事之所以动人，是因为它书写的是人生，表现的是信仰，塑造的是伟大人物的平凡一面，让观众在艺术欣赏中产生情感连接。信念之所以震撼，不光是音乐摆脱了传统的极度渲染风格，在舞台的表现形式上也是如此。通过将崇高的革命理想信念转化为可亲可感且朴素寻常的日常生活，观众既受到精神的洗礼，又不觉得这离自己的生活过于遥远。[1]红色经典改编以当下的观念、讲述方式和传播方式让年轻人接受，产生审美与信仰的共鸣。唯有如此，经典才会永葆生命活力、传承信仰之光。

二、红色IP的创新孵化——以《千里江山图》为例

《千里江山图》是上海作家孙甘露以1933年设于上海的党中央机关战略大转移为背景创作的长篇小说，累计印数超30万册，并斩获第11届茅盾文学奖。在小说爆火后，"千里江山图"成为文艺市场的热点IP，业已孵化出小说、广播剧、评弹、话剧、展览、文艺党课、剧本杀、Citywalk红色线路等一系列文化产品，在多个年龄层广泛"圈粉"，成为红色IP孵化破圈的典型案例。

2024年4月，上海图书馆打造了"书海千里　江山有声"主题沉浸展，作为第六届上海图书馆阅读季（2024—2025）的首发活动。

---

[1]　虞凤珺：《从舞剧〈永不消逝的电波〉看红色经典的再经典化》，《南京艺术学院学报（音乐与表演）》2023年第6期。

展览以"千里江山图"IP为核心，将小说作为蓝本，设置了宋画展陈、老照片、文献展示、场景还原等区域，把传统艺术、有声作品、AR地图、历史影像和文献史料等与实景展陈融合。在入场前，观众可以先在前台租一套道具服装，由此"穿越"回1933年的上海，并能在老照片区领取一张带着谜题的船票，隐秘而伟大的光荣之旅就此开启。根据展区提示，解开船票上的摩斯密码，取得印章，收到"一封没有署名的信"即为任务成功。使用AR小程序，可以让展区内的2024上海地图变成"1921—1933年中共中央在上海的红色地图"和《千里江山图》文学地图"。

科技感的展陈手段不止如此，2023年8月，由上海广播电视台融媒体中心"侧耳"工作室倾力打造的同名广播剧，展览现场也可以免费畅听。通过共读、视听、解密等多种沉浸式体验，观众得以充分感受"大阅读"时代多元形式的魅力。

中篇评弹《千里江山图》分上下集，将传统的"说噱弹唱演"等十八般武艺悉数用上，在琵琶三弦声中，将这段惊心动魄的谍战故事娓娓道来。全本首演在舞台调度上引入现代剧场手段，运用"敌我双时空""回忆时空"等手法，既加强戏剧张力，又让小说的复杂情节在评弹舞台毫不违和。改编中巧妙设计的说书人一角，既保留"说书先生"特色，又梳理了烧脑剧情，便于没有看过原著的票友理解剧情。

话剧《千里江山图》由国家一级编剧赵潋在原作基础上改编，采用叙事体形式，在舞台上呈现了一部"立体"的小说。演员们身着现代服饰，手持小说，在舞台上共读《千里江山图》。朗读过程中，演员们交替"入戏"，轮流成为"书中人"，开始演绎小说中的情节；当故事切换到另一个视角时，演员们又会换装"出戏"，变回朗读者，象征着从阅读中了解这段隐秘而伟大的历史。其舞美、服化设计也别有风情，例如具有城市特色的布景和建筑细节，旗袍、长衫等具有时代特色的服饰搭配，同时还使用上海话、扬州话、粤语等各地方言。

三、艺术育人的跨界实践——以上海高校大师剧集群为例

2012 年至 2022 年，在上海市教委统筹指导下，上海戏剧学院联合相关高校，先后推出《陈望道》《钱伟长》《孟宪承》《清贫的牡丹》等 28 部反映各校名家大师的精品大师剧和 50 余部各高校自创校本大师剧。《钱学森》《国之英豪》等大师剧入选"共和国的脊梁——科学大师名校宣传工程"，《贺绿汀》《熊佛西》《师说》等多个剧目获得国家艺术基金和上海文化发展基金支持，《钱学森》《雷经天》等剧目获得中国校园戏剧节"优秀剧目奖"等奖项，形成了令人瞩目的上海高校红色大师剧集群。

（一）全方位整合红色资源

上海高校原创大师剧通过全区域统筹、挖掘、运用、转化大师剧红色育人资源，构建起将创演过程、教学过程和育人过程融为一体的区域级大思政课。具体包括以下几步：首先是建立教育主管部门整体规划、统筹协调机制。上海市教卫工作党委、上海市教委以承担建设全国教育综合改革试点区、高校"三全育人"综合改革试点区和示范区、"大思政课"改革创新试点区等国家教育改革项目为

契机，依托"文教结合"项目机制，实施上海高校"向大师致敬——大师系列校园剧"扶持计划，为大师剧育人提供政策保障和资源保障。先后在上海戏剧学院成立上海校园戏剧文本孵化中心、上海校园戏剧教育与应用中心，将大师剧育人纳入年度校园精神文明重点建设计划和高校立德树人成效评价体系，以原创大师剧为切入点整合各高校的思政资源，持续深入推进"大先生·大师剧·大课堂"建设。其次是实施以"1＋N＋X"为核心的校际协同合作模式。"1"即发挥上戏的专业性、引领性，为各高校创作"N"部精品大师剧提供专业支撑。各高校经过"1＋N"的协同培育，实现剧目自我更新、演职人员自我更替，并自主开发"X"部校本大师剧，形成上海高校原创大师剧的高峰和高原。最后是强化各高校内部协同联动机制。根据市教卫工作党委的指示安排，各高校成立大师剧专项工作组，配套专项工作资金，构建起党政齐抓共管，党委宣传部门牵头实施，学工、教务等部门和教学单位共同发力，二级院系大力支持，师生广泛参与的内部协同联动机制。各高校共投入 2000 余万元资金进行大师剧育人建设，不断打破部门、院系、专业、学科壁垒，成功实现了大师剧从筹备开发到教育教学，以及成果应用、转化和推广的全过程全方位育人。

（二）多角度凝练大师精神

凝练和讴歌大师精神是大师剧的灵魂所在。大师剧刻画了不同专业领域、不同人生境遇、不同个性特征的名师大家的精神气质，呈现和宣扬了"爱国、奉献、求真、创新"的"钱学森精神"，"不为一己求安乐、愿作别人嫁衣裳"的"钱宝钧精神"，"追求卓越、虚怀若谷、勤奋努力、为了病人"的"牡丹精神"，"我没有专业，祖国的需要就是我的专业"的"钱伟长宣言"等，构建起群星闪耀的大师精神富矿，并逐步凝练形成了以爱国主义、奋斗精神、高尚品格和过硬本领为主要内涵的大师精神图谱，把大师品格、品行和品位转化为进行价值引领的重要资源。他们的经历就是一部上海高等教育的发展史，他们身上集中体现了教育者的崇高理想和赤诚初心。不同于一般的校园戏剧创作，上海高校大师剧依托"1 + N + X"的校际协同合作机制，将艺术高校剧目生产和专业教学的流程植入相关高校，即授人以鱼又授人以渔，切实帮助各高校以专业水准打造高水平大师剧。

（三）全链条构建育人课堂

为提升育人效果，开创全链条构建沉浸式育人课堂。具体为：创作时围绕校史资料、大师素材的研讨式教育；排练时围绕大师人生经历和命运抉择的启发式教学；演出时进入规定情境、切身体会大师心境的体验式教育，演出后总结创作和演出经验的感悟式教育，大师剧从戏剧艺术特有的生产流程和艺术规律出发，成为融启发、研讨、互动、体验于一体的沉浸式课堂典范。基于戏剧艺术特点和红色育人导向的全链条沉浸式育人课堂，突破狭义课堂教学的封闭性，实现了"时时是教学、处处是课堂；创作即受教、观演皆受教、师生共受教"。另外，多维度扩展成果辐射效应。通过多维度的成果转换传播推广，让大师精神走出校园、走向社会，将教育系统的自循环转变为全社会共享共育的大循环，是高校应有的责任担当。

第四节　固本培元，将红色资源融入市民日常生活

红色文化在更大范围内的持续有效传播，主要基于人们共同的行为秩序和价值观念分享意义。因此，需要在全社会的共同场域中搭建红色空间，整合社会资源，营造日常化、常态化的红色文化环境。时下，各类媒体社交平台已成为人们获知信息、了解外部世界的主要媒介，上海积极借助此类平台搭建"软""硬"兼施的红色资源传播渠道，并逐步探索将红色文化融入市民的日常社会实践空间。

一、"软""硬"兼施用好多渠道媒体平台

文化传播的介体选择与搭载是文化样态到达受众的核心环节。整合上海红色资源的传播介体形成传播合力，对上海红色资源扩大覆盖力、增强影响力、提升认同力有重要作用。文化传播有"硬传播"和"软传播"两种方式，从"硬"到"软"折射的是一种"宣传"到"交流"的转变。迄今为止，上海已经形成了一定规模的以本地红色资源为内核的"硬传播"内容，书籍、美术、音乐、小说等都从属于这一范畴。同时，上海积极探索"软传播"途径，从中共一大纪念馆开放的"永恒的誓言""思南路上的枪声"等主题式沉浸体验项目，到上海环球港举办的搭载 AR、VR 科技的"永远跟党走——庆祝建党百年连环画体验展"，都是上海红色资源"软传播"较为成功的尝试。

目前，上海市探索"硬""软"传播结合的方式正沿着三条道路

进行，并已取得丰富经验与成效。这三条道路，一是充分发掘、广泛利用公益性的音频、视频传播渠道，并进一步开拓艺术品、出版物等"硬传播"路径；二是持续推进上海红色资源与新技术交互性、体验性、智能性融合；三是充分利用社交媒体、客户端、短视频等新媒体渠道，以交流、参与等方式吸引受众关注，提升其认知、唤醒其情感。譬如，上海市坚持将红色资源融入网络传播，通过制作党史微视频等形式讲好"大思政课"，不断创新网络传播形式，如推出"开天辟地的大事变"网上主题团课、举办"革命文物线上讲解大赛"、发布"上海革命文物故事"专辑。在广播、电视、报刊和新媒体，推出"建党历程""申城先锋""努力当好新时代排头兵先行者""守护党的精神家园"等专题专版、系列报道。聚焦"奋斗百年路　启航新征程"重大主题宣传，开设"百年党史启示录"等专栏，推出"我的入党故事"等专题，制播《面向世界的中国共产党》《理想照耀中国2》《诞生地》等电视纪录片，发布《光荣之城　初心之地》《致敬百年》等一批电视公益短视频，8集微纪录片《上海记忆·他们在这里改变中国》登录中央电视台英语新闻频道并向全球播出。用好"学习强国"平台，成立"兴业路上"融媒体工作室，推出"四史学习直通车"项目。开展"可爱的中国·奋进的上海"新媒体主题宣传，举办"党的最强音·网络正发声"主题党日网络活动，推出《给90后讲讲马克思》等网络音频热播节目和《理想照耀中国——庆祝建党百年"双100"系列融媒体报道》，制作"百年大党——老外讲故事"融媒体产品，《永远跟党走》外滩光影秀视频网络播放超亿次。

二、以红色资源丰富社会宣传实践场景

（一）发布《上海红色文化地图》

2021 年 6 月 10 日，整合市委宣传部、市委党史研究室、市文旅局、市规划资源局、上海测绘院等力量，发布《上海红色文化地图（2021 版）》。地图目录以 2020 年上海市复核统计为基础，以五四运动起始至上海解放为时限，从中选取红色文化资源 379 处（2020 版地图有 188 处），含各级文物保护单位、文物保护点、优秀历史建筑和立碑挂牌的红色革命旧址、遗址以及纪念设施，包括红色旧址 195 处、遗址 83 处、纪念设施 101 处。地图采用"主图 + 附图"形式，构成小开本套装组合。主图正面标注 379 处点位，背面印制 100 个重要点位的图片；附图正面设计了 6 条红色资源寻访路线，标注红色文化资源手绘图案和交通方式，便于读者按图索骥，背面重点推荐若干处对外开放且展示内容较为丰富的红色场馆、旧址，供市民深度体验。6 条路线均可拆分为独立的小地图，便于市民携带使用。同时，地图以"纸质 + 电子"形式，配套设计电子版本，供读者扫码浏览，对 100 处重要点位予以图文详细介绍。

（二）实施红色文化主题项目

2021 建党百年之际，上海地铁以"永远跟党走"为主题打造了一系列红色文化主题项目，深入人心，将主题车站、主题列车、主题文化长廊融为一体，以纵横交错的地铁线路为依托，串联全市革命遗址遗迹和红色主题纪念场馆，突出宣传中国共产党在上海的创建历史和蕴含的伟大精神，让市民乘客在行走中阅读百年党史，在感悟中传

承红色基因，在奋进中赓续红色精神，让百年荣光伴随市民乘客的脚步行以致远。

1. 红色主题车站

不忘来时路，方知向何行。在上海地铁 10 号线一大会址·新天地站，以市委宣传部"党的诞生地"长廊为核心内容，以上海画家洪健《上海·红色起源地》石库门组画为主要设计元素，配以全国城市轨道交通协会 10 余家城市地铁反映当地红色场馆的灯箱相映生辉，形成了一条"红色石库门"通道；同时联合中共一大纪念馆、上海市文史研究馆、"演艺大世界"及上海各大剧团，通过设置四大展区，以平面展示、实物展陈、书画作品展示以及演艺片段播放等形式，让徜徉其间的市民乘客直观体会到中国共产党"从石库门走向天安门"的伟大历程。

此外，上海地铁与嘉定区委宣传部联合打造 11 号线南翔站、嘉定新城站红色文化主题车站，通过展陈"党史人物""红色故事""新城规划"等，让市民乘客在出行中"零距离"学党史，并一睹日新月异的新城建设。

2. 红色文化列车

初心驶发地，荣光伴我行。中共一大、二大和四大都在上海召开，上海地铁 1、2、4 号线又分别行经中共一大纪念馆、中共二大会址纪念馆、中共四大纪念馆三处"红色地标"，市委宣传部与上海地铁合作在 2021 年"七一"前推出 1、2、4 号线"百年号"红色主题专列，为各地游客和市民乘客提供讲述党的诞生地历史的"地铁红色向导"。

永远跟党走，逐梦新时代。依托市网信办、上海交通大学、嘉定区委宣传部、市社联、SMG 等政府部门、高校、企事业单位和群众团体等区域化党建资源，一系列红色文化专列陆续推出，形成了穿行在城市中的党史学习"流动课堂"。承载了百万少年儿童祝福的地铁 2 号线小荧星"艺心向党，点亮申城"主题列车以童趣视角歌颂幸福生活；串联起沿线多个红色场馆的地铁 10 号线大学生"红色寻访专列"成为一堂沉浸、开放、行走的"思政大课"；展示上海重要红色纪念地的 13 号线"红色印迹，百年初心"主题专列把地铁旅程转变为感悟城市精神底色的别样之旅；展陈嘉定红色文化和新城地标的地铁 11 号线红色文化列车抚今追昔，坚定广大市民"永远跟党走"的信念。

3. 红色文化长廊

忆往昔峥嵘岁月，看今朝百舸争流。2021 年，由市委党史研究室、市精神文明建设委员会办公室、市对外文化交流协会主办，上海地铁承办的"光荣之城——上海红色纪念地巡礼"展览亮相陕西南路站内文化长廊，让上海厚重的红色文化底蕴伴随市民出行的脚步；申通地铁集团与中国航海博物馆、江南造船集团联合举办的"红色记忆·蓝色航海"展在陕西南路换乘通道开展，通过展现中国共产党与中国航海的血脉联系，唤醒历史的红色记忆。

在徐家汇站矗立起的中国工程院院士、上海市优秀共产党员，被誉为"上海地铁之父"的刘建航青铜塑像，让成千上万乘客进一步感受上海地铁人为城市美好生活作出的贡献，让成千上万上海地铁人跟随老一辈地铁人的精神指引创造上海地铁的新辉煌。站内另一侧，还有"海派之源中的红色基因"主题展。

红色精神需要传承，南京东路站上海地铁职工子女"童心向党"少儿绘画展览，以青少年视角为全国各地的游客讲述"千门万户路路通""党的光辉照 Metro"等地铁发展和城市变化的生动故事，成为在地铁公共空间为青少年群体提供"四史"宣传教育素材的一道靓丽精神风景、艺术风景。

（三）开设红色巴士和地铁

为庆祝中国共产党成立 100 周年，上海积极打造移动的红色党史宣传阵地，相继推出了造型各异的"红色专列"，串起一大波著名的红色地标，向市民诉说中国共产党波澜壮阔的百年征程。

以红色巴士为例，上海整合浦江两岸重点红色文化地标，开通了"百年党史路，奋斗新征程"红色巴士，途经中共一大会址、渔阳里、中共二大会址、五卅运动纪念碑、浦东开发陈列馆等 20 多处红色地标，将历史故事和现实场景结合起来。开通 71 路红色公交专列，将车厢车站打造成为红色文化的"微缩展厅"。各区也纷纷行动，如虹口区开行红色专线、环线巴士，串联起中共四大纪念馆、中国左翼作家联盟会址纪念馆、鲁迅故居等区内多处红色资源。嘉定、青浦联合江苏昆山共同打造长三角红色教育城际巴士。2023 年，全市新建成 3 个全国爱国主义教育示范基地，全市全国爱国主义教育示范基地数量增至 15 个（市级爱国主义教育基地 171 个）。结合新时代文明实践活动，成立上海市学生红色文化传播志愿服务队和上海学校红色文化传播育人联盟，推动全市学校、地区与各红色文化场馆结对共建，组建红色文化传播志愿者队伍。

地铁线路也同样成为行走课堂的典型空间。上海近年来连续开展红色文化进地铁系列活动，发布庆祝建党百年地铁主题纪念票卡、《"初心驶发地铁行"上海地铁红色文化地图》，启动开行地铁 1、2、

4 号线"百年号"主题列车，完成地铁黄陂南路站、新天地站更名（更名为一大会址·黄陂南路站和一大会址·新天地站）。一是开行主题列车。上海地铁 1、2、4 号线分别与中共一大、二大、四大纪念馆以及市委宣传部合作，各选取 1 列地铁列车，打造"百年号"红色主题专列。二是开展红色文化报站。选取中共一大纪念馆、中共二大会址纪念馆、中共四大纪念馆、中国劳动组合书记部旧址、中国社会主义青年团中央机关旧址、龙华烈士纪念馆、国歌展示馆 7 个红色场馆，通过站台广播，向出站乘客播报红色文化信息。三是打造红色文化主题车站。对地铁 10 号线和 13 号线新天地站（出站步行 500 米左右，就可抵达中共一大纪念馆，瞻仰中共一大会址）进行整体改造，打造全国首个红色文化主题车站。通过"主题角""回顾角""文化角""演艺角"四大展区，利用展板展墙、实物陈列、书画展示等形式，让乘客从下车开始，沉浸式感受红色文化。四是播出公益广告。依托"东方明珠"移动电视、地铁全路网部分灯箱、屏蔽门阵地资源和"党的诞生地"地铁文化长廊，布置公益宣传口号和宣传画面，播放主题宣传片，并配合"Metro 大都会"App 的平台资源，营造热烈氛围。

2023 年 12 月，市委宣传部会同市委党史研究室设计制作的"初心之地——上海·党的诞生地巡展"亮相上海地铁一大会址·新天地站的"上海·党的诞生地"主题文化长廊。展览分为"伟大开端""崭新局面""力量之源""薪火相传"四部分，讲述中共一大、二大和四大在上海召开的光辉历史，并结合"红途"平台图文视频资源展示了三个纪念馆和中共一大、二大、四大场馆管委会的建设成果及特色活动，以中共一大、二大、四大红色场馆作为引领，不断壮大红色文化传播影响，传递红色记忆、弘扬红色文化。将红色故事打造为地铁巡展，能够有力推动红色资源深度融入市民的日常生活，让往来乘客在繁忙的交通枢纽也能感受到红色文化的滋养。

三、以红色文化活动丰富市民生活

2022 年 3 月至 7 月，依托上海市民文化节的平台，由市委宣传部指导，市群众艺术馆、中福会少年宫和各区共同主办"永远跟党走"市民红色故事大赛。大赛分为"市民组"和"爱国主义教育基地组"两个组别，吸引近 3000 件市民故事作品和 50 家重点红色场馆参与，线上平台展播点赞数 212 万，评出百位优秀"红色故事传讲人"。全市 200 多个社区充分挖掘利用区域内的红色资源，开展"社区红色故事汇"活动，吸引 2 万余名市民参与。同期开展了"致敬百年，时代童行"上海少年儿童"红色声浪"情景讲述展评活动，采用"孩子讲给孩子听"的方式，把有深度的故事讲得有温度，把有精神的故事讲得更精彩，百名"红色小小故事员"从大赛中脱颖而出。组织市级红色故事讲解员大赛，评出 4 名金牌讲解员和 10 名优秀讲解员。

第五节　立德树人，以红色资源活化"大思　　　政课"

2022 年 1 月 11 日，习近平总书记在省部级主要领导干部学习贯彻党的十九届六中全会精神专题研讨班上的讲话中指出："要用好学校思政课这个渠道，推动党的历史更好进教材、进课堂、进头脑，发挥好党史立德树人的重要作用。要用好红色资源，加强革命传统教育、爱国主义教育、青少年思想道德教育，引导全社会更好知史爱党、知史爱国。"教育部在相关文件中多次强调学校要广泛开展红色教育，2022年底，教育部等十部门印发的《全面推进"大思政课"建设的工作方案》，旨在以"大思政课"建设为切入点，持续推动思政课和思想政治教育高质量发展。2024年中共中央印发的《党史学习教育工作条例》也指出，要"用好革命博物馆、纪念馆、党史馆、烈士纪念设施、革命旧址等红色资源，保护利用好革命文物，精心设计展览陈列、红色旅游线路、学习体验线路，加强革命传统教育、爱国主义教育、思想道德教育"。以红色资源活化"大思政课"，已成为上海红色场馆与学校通力协作的主要着力点。

一、推进红色文化进课堂——以中共一大纪念馆"百物进百校"活动为例

（一）红色场馆开展进课堂活动的优势

目前，推进红色文化进校园已经成为学校开展德育、思想政治教育的优先"选项"，对不同学段的学生进行革命传统教育，植入红色基因，是全面贯彻党的教育方针、落实立德树人根本任务的需要，也是增强青少年政治认同的必然要求。此情形下，红色场馆是开展革命传统进课堂活动的主要载体，这主要体现在红色场馆的两种特性上。

首先是红色场馆的仪式性。红色场馆往往指各级各类党史、革命主题的博物馆与纪念馆，在某种程度上，这类场馆的所有活动都与仪

式密切相关。有学者认为参观纪念馆本身即是仪式性的文化展演；在国内仪式教育的相关研究中，学者们不吝指出纪念馆是开展仪式活动的重要载体，而仪式的确占据着纪念馆教育活动的重要比例：大到国家层面的仪式典礼，如侵华日军南京大屠杀遇难同胞纪念馆每年固定举行的国家公祭仪式等纪念性仪式，小到组织机构在纪念馆举办入职（开学）典礼、升旗仪式、入党（入团）仪式等象征性仪式，此外包括专题讲座、情景党课、研学旅游等在内的活动均包含着仪式的成分。

其次是红色场馆的情感性。对观众爱国情绪和民族情感的唤醒，是红色场馆达成教育目的的必要途径。红色场馆依托遗址、旧居等为观众建立了可以触摸革命历史的文化空间，通过革命文物等符号引发观众心中曾被反复确认过的集体记忆和身份标识，加强对党和国家的依附感和认同感。在青少年的教育过程中，红色场馆通过创设红色情境产生互动仪式，参与者关注共同的符号、分享共同的记忆并从中获得情感能量和群体认同，这都与仪式活动对情境和情感的高度关注不谋而合。

（二）"百物"活动开展的创新之道

"百物进百校，百讲证百年——中共一大纪念馆百件文物藏品进课堂活动"（以下简称"百物"活动）是中共一大纪念馆为庆祝建党百年举行的系列青少年教育活动，其基本形式为纪念馆将真实的革命文物送入校园，围绕文物进行一系列阐释展演，与校方合作完成一次主题思政课，是较有典型性的仪式类"进课堂"活动。截至2023年10月19日，该活动共举办100场，并获得第二届全国文博社教十佳案例，业已形成较为成熟的操作模式，成为上海红色资源活化利用、推进"大思政课"建设走深走实的重要举措和主要成果。在对该活动进行参与式观察和工作人员、参与师生深度访谈基础上，将活动的创新之道提炼为构建情境、设置焦点、激发互动和形成认同 4 个微观层面。

1. 构建触发红色情境的"记忆之场"

"革命传统进课堂"一类活动的显著特征是将教育情境搭建在纪念馆场所之外，通过将纪念空间延伸至学校场所建构典型的红色教育情境。"走出场馆"已是当下纪念馆文化实践的重要趋向，脱离赖以生存的展厅空间和遗迹旧址，纪念馆需要在"异域"完成自身文化和价值的输出。

"百物"活动通过以下举措完成红色教育情境的搭建：其一，活动自身是一个开放又封闭的系统，这一系统既将场所隔离开来，又使场所变得可以进入其中。通过进出的礼仪行动（包括开头的升国旗、奏国歌、敲响上课铃、宣布开课等动作，结尾馆校双方互相赠礼、与文物合影等环节），场所被宣布进入仪式状态，在场青少年被囊括其中，由此摒除了局外人的参与，为教育仪式和记忆空间设立了界限。其二，活动将纪念馆和学校这两个空间和场地并置在一起，革命文物被放置在仪式中心，讲解员、文物专家、学校老师和多媒体装置共同完成关于文物和历史的叙事，这典型的发生在纪念馆的一幕在学校场所上演，教室、礼堂、操场等青少年的日常生活空间转化为表演性的纪念空间。其三，"百物"活动对文物、展板、影像、歌曲等革命符号的一系列展演将历史与现实空间并立，化身为党和国家的象征，在这里被收集、剪辑和压缩，青少年由此为革命话语所包围、为红色记忆所萦绕。红色情境的营造是活动开展的起点，成为后续情感能量和群体认同发生的前提条件。

2. 利用革命文物激发情感能量

情感能量的激发和传递是开展仪式教育重要的一环，其发生机制为，在场所有个体相互意识到彼此正关注着同一焦点，并因此被对方的感情吸引。"百物"活动将革命文物设置为仪式焦点，通过围绕文物进行多重叙事，使之成为触发参与者情感能量的最关键所在。

仪式中的革命文物居于中心地位，身着礼服的士兵手捧囊匣、踢正步出场，再由文物保管员揭开文物"真相"，营造了"主角登场"的戏剧化效果，随后的一系列叙事皆围绕文物展开。"百物"活动通过对革命文物进行多维度阐释来唤起青少年内心的爱国情感和历史记忆。阐释的过程包含 3 个基本环节：讲解员的讲述、保管员的介绍、文物短片的播放。就阐释内容而言，至少涉及文物结构和功能等本体信息、革命事件与人物的历史信息及流转经历和保护措施等流转信息。以革命文物"李白烈士家书"为例，这是长期从事党的地下工作的共产党员李白在抗日战争至解放战争时期写给父母、兄弟的书信合集，讲解员讲述李白从事地下电台工作并牺牲在上海解放前夕的事迹，以极富感染力的语调完成情感能量的传递，调动起观众情绪；保管员回顾李白遗孀裘慧英将信件捐献给纪念馆的过程，从专业角度介绍纸质文物的脆弱性和纪念馆的保存措施，使观众意识到革命文物保护的重要性；文物短片通过 3D 建模技术还原和放大信件内容，展现李白对家人温情眷恋的一面，并结合李白故居场景和《永不消逝的电波》片段，用熟悉的地域和文化符号引发观众对先烈的追思。不同维度的阐释旨在还原李白舍小家为大家的英烈形象，唤起人们对于从事党的地下工作的共产党员这一群体顽强斗争、不畏牺牲的既有认知，从而激发参与者内心的正向情感能量。

3. 邀请学生互动强化情感连带

仪式的成功与否取决于情感连带的发生，当参与者从事共同行动、了解彼此感受，会更强烈地体验到这份共享的情感。通过邀请青少年参与仪式，"百物"活动尝试打破单向度的情绪传递，在双向互动中强化群体间的情感连带。

互动既包括预设的常规流程，也有即兴创造的互动仪式。固定环节中，上台观看文物往往是整场活动的高潮部分，青少年能够在争相提问、簇拥观察中感受着周围人与自己同样强烈的感情。即兴的互动仪式给予活动更大的灵活性和操作空间，促使馆校双方创造别开生面的互动环节，包括合唱、舞蹈、诗朗诵、情景剧等，这种互动将青少年的身体从禁锢和规训状态中解放出来，使其主动参与进仪式生产。例如某小学的活动仪式围绕《新青年》（第3卷第2期）中毛泽东《体育之研究》这篇文章，结合北京冬奥会这一实时热门话题，在叙事中融入"冰墩墩""雪容融"等冬奥元素，以此传达"文明其精神，野蛮其体魄"的价值观念，实现了过去与当下的连接；此外，校方设置了体育表演环节，通过冰壶、空竹、排球等运动，使学生在竞技游戏和身体互动中感受体育精神，营造了热烈气氛。再如某中学将活动作为艺术节开幕仪式，选择"抗战时期贺绿汀保存的盐酸吗啡"革命文物，以著名音乐家贺绿汀为纽带，将音乐元素贯穿活动始终，通过合唱、合奏等形式调动学生参与。这种互动所带来的高度共同关注和情感连带，激发、唤醒了参与者的多重感官和神经系统，从而给每个学生带来即时的情感体验和深刻的情感印象。

4. 三重叙事增强群体身份认同

要持续发挥仪式教育的影响力，群体符号的建立至关重要，它使成员感觉到自己与集体相关，促使短暂兴奋朝着团结、道德等方向转变。"百物"活动深入挖掘革命文物与参与群体之间的相关性，通过国家、地域和组织三个层面触发身份感，加强青少年对所处集体的认同。

其一是国家认同，活动设计有意与革命重要事件与人物相勾连，他们不仅在革命史话语中反复强调和出现，也同学校的道德与法治、历史、思政等课程内容密切相关，借由真实物件引导学生将红色文化与国家富强、民族独立、人民幸福等话语相联系，使学生原有的历史记忆进一步具象化。其二是对上海城市的认同，宣讲的文本内容有意凸显上海作为党的诞生地的重要地位和突出贡献（如围绕"抗美援朝击落美军敌机的步枪"这件文物，叙事时穿插上海民众积极参军参干、捐献物资、抗美爱国的史实），同时将叙事细化到区域革命史，并引入对渔阳里、中共一大会址、三山会馆、周公馆等红色地标的呈现。对地域的强调能唤起学生对城市的自豪感，以市民身份产生将革命精神薪火相传、发扬光大的自我激励。其三是组织层面的认同，指学生对于学校或党团、少先队等组织的认可，有学校通过关联建校渊源及著名校友将革命史与校史相结合，激发学生的"爱校荣校"情感（如在某中学围绕"1949年华东军区司令部印发的《入城纪律》"进行叙事的同时，将上海解放历史与该校成立地下学联、参与并配合上海解放工作等校史相联结）；还有学校将入团、入队仪式纳入其中，让青少年在活动中完成政治身份的转变。对校史的回溯和政治身份的强调让青少年具体感知自己同国家和组织的关联，在微观层面完成个人身份的确认，增强对于所在组织群体的认同。

（三）"百物"活动的反思与启示

"百物"活动的微观机制展现了红色场馆开展仪式类"进课堂"教育活动的典型图景，其开展以来的经验可以总结为以下三点。

1. 基于具身认知营造互动参与的青少年教育情境

传统思政课堂多以坐而论道、"扬心抑身"的方式呈现，单向灌输的现象仍然存在。这种教育模式下，青少年的身体被"规训"甚至"惩戒"，往往使教学显得苍白无力、枯燥乏味，导致认知被"阻断"和"截流"。随着具身认知思潮的涌起，身体在认知过程中的地位不断复归和强调，揭示了学习过程中情境的重要性。[1]红色场馆具有实物与情境教学的显著优势，应通过整合自身资源营造具身认知、互动参与的青少年教育情境。

其一是关注青少年身心与场域的联结。身体在场是仪式发生的先决条件，这一在场不单指"身在现场"，更要"身在其中"，群体通过身体的参与感知他人的情绪状态，产生情感上的互动共鸣，从而达到主体间性的状态。为此，纪念馆应利用革命符号营造纪念空间，精准把握教育活动的起始、发展、高潮和落幕等流程的节奏，运用各种媒介刺激参与者的多重感官，在调动青少年肢体和感官的基础上引起情绪感染机制的发生。其二是强调青少年在仪式中的互动参与。仪式内部存在着层级的划分：某些人拥有通过仪式控制他人的权力，其他人则是被动的或抗拒的，这意味着主导方通过发布命令、支配操演维持

---

[1]　叶浩生：《身体与学习：具身认知及其对传统教育观的挑战》，《教育研究》2015 年第4 期。

和增强了情感能量，其他人只能被"强迫"着接受仪式，能动性和参与感大打折扣。为进一步加强身体在场体验，更好地从仪式中获取情感能量，纪念馆应引导青少年由被动接收者转为仪式生产者，以讲、演、颂、唱多种形式参与仪式生产、靠近仪式核心，通过幕后到台前的深度合作创造和操演仪式，主动生成情感能量和道德团结。

2. 聚焦革命文物背后鲜活的党史故事和情感价值

成功的仪式教育离不开具有强吸引力的关注焦点和文化符号。革命文物是革命纪念馆开展青少年教育活动的核心资源和排他优势，也理应成为组织设计青少年教育活动的基点与关键。相较于其他类型的文物，革命文物以物所处的事件所带有的价值为导向[1]，事件性和情感价值则尤为显著。正因与特定事件与人物血脉相连，革命文物能够有效唤起青少年对"四史"知识和红色记忆的感知，从而激发爱国爱党的情绪。

要发挥好革命文物的教育效能，一是寓教于景，为文物的展演创设具体的历史情境，尽可能从多个角度挖掘文物信息，将文物与重要党史事件、革命人物和地域文化相关联，在中国共产党领导人民革命、建设、改革的历史进程中寻找对应的时空坐标，为党史知识提供具象可感的故事性载体。二是融教于情，关注参与者的成长环境、教育背景和过往经验，从而洞察其知识与情感需求，将文物作为引发共鸣的重要媒介。例如，"百物"活动在某中学开展时，提前了解到参与抗美援朝战争的韩德彩将军曾在该校宣讲，与学生建立了较强的情感纽带，为此保管员特意从馆藏中调取用韩德彩击落的战机残骸制作

---

[1]　练洁、李娉、赵星宇：《革命文物元数据标准研究》，《中国博物馆》2021年第3期。

的两双透明筷子，作为补充叙事，勾连了学生先前的情感记忆，给学生造成了强有力的情感冲击，取得了良好的效果。三是寓教于乐，在保证内容的知识性和专业性基础上创新文物故事的展演和传播形式，通过新媒体、数字化、跨界融合等手段以青少年喜闻乐见、易于接受的方式呈现文物蕴涵的精气神。"百物"活动配合制作的一系列文物视频和电子展板，不仅在现场活化了文物故事、提高了传播效能，还依托官方网络平台和地方媒体宣发扩大革命文物的辐射面和影响力。

3. 建立平等互惠、长期高效的馆校合作机制

作为活动的主导者，纪念馆与学校能否建立起行之有效的合作机制决定着仪式的成败。馆校合作是博物馆与学校在国民教育活动中基于各自目标、主动调整各自行为策略所采取的共建共享的互动行为[1]，然而以往的许多活动存在一方主导、另一方"搭便车"的现象，导致了双方地位失衡、行为动机偏移、相互了解匮乏等种种弊端，对于教育效能的发挥造成极大阻碍，也导致了互动仪式的空洞和短命。

为规避此类困境，"百物"活动在开展过程中不断探索行之有效的馆校合作模式，最终促成双方的平等互惠合作，其经验可总结为以下几点。

一是引入政府部门和社会企业等外部力量，获取政策、平台、人力和资金等方面的支持，为活动开展提供坚实保障；"百物"活动能举办百场之多，也是上海市教委、中共一大纪念馆和学校共同努力的结果，是共同的成功果实。

---

[1]　宋娴：《博物馆与学校的合作机制研究》，复旦大学出版社 2019 年版，第 13 页。

二是成立专门项目组打破各部门壁垒，从文物保管、陈列研究、宣传教育、安全保障和信息管理等部门抽调人员协同工作，实现馆内资源调配利用的最大化；为加强项目人员的管理，项目组制定了《百物进百校活动出场清单》，以及《百物进百校宣教部故事分配明细》等表格。为充分调动红色讲师团成员的积极性和任务分配的公平性，采取线上抽签及互相调配的方式，参与分配的100件文物，由他们个人来撰写文物故事，制作讲解故事的PPT，所有内容报藏品保管部及陈列研究部把关审核。

三是与学校的对接秉持资源共享、合作共赢的基本原则。活动开展前，项目组藏品保管员在馆藏12万件文物中精心挑选出100件，将这些文物以"菜单式"的方式提供给学校，扩大学校的选择权，进一步凸显学校对于活动的主导力；而后续的前期课程设计、中期落地开展、后期宣发评估的各个阶段均由馆校双方合力完成，此过程中馆方充分听取并满足校方的要求建议，配合校方完成流程设计和教学内容的补充调整。

四是重视效果评估，在每次活动结束后，通过作文、心得等形式收集学生反馈，定期举办馆校双方座谈会、阶段评估会进行经验总结和查漏补缺。

五是重视活动带来的长期效益，推动馆校合作走向稳定、持续、深入。许多馆校合作活动是一股激情使然，双方"一拍即合"过后再迅速"一拍两散"，使得合作流于形式，充满随意性和不确定性。而馆方以"百物"活动为契机与各校建立合作关系，后续邀请学校参与其他教育项目，在为其提供更丰富、多元教育服务的同时，也使自身教育品牌的影响力不断扩大，推动合作进入良性循环。

4. 重视活动的后续宣传与影响力推广

2021 年 10 月 25 日"百物进百校，百讲证百年"活动在上海市上海中学拉开帷幕。活动自启动以来，既有央视新闻、新华社、中新社、《人民日报》等全国性媒体，也有上观、《文汇报》、《新民晚报》等市级媒体，还吸引了教育行业媒体如上海教育电视台、上海教育网、第一教育微信平台等，以及纪念馆行业媒体如纪念馆快讯的报道参与。在 2022 年 1 月 7 日的《新闻联播》中，该活动也被报道。截至目前，该活动直接相关的全媒体报道累计 500 余次，触达人数过亿。

二、为用好红色资源贡献高校志愿服务力量

下文试以复旦大学《共产党宣言》展示馆"星火"党员志愿服务队为案例，深度剖析高校在志愿服务队建设过程中以红色资源立德树人、资政育人的创新路径。

"星火"党员志愿服务队成立于 2018 年 5 月，为复旦大学老校长陈望道旧居暨《共产党宣言》展示馆提供讲解志愿服务。2020 年复旦大学党委启动"红色基因铸魂育人工程"后，志愿服务队的建设纳入工程重点项目，进一步探索建设路径，注重内涵提升，在分阶培训、分类讲解、分众传播等方面深耕细作，其基本经验可提炼为加强理论培训、创新形式载体、建立长效机制三点。

（一）加强理论培训

为了更好地打好基础、练好内功，志愿服务队打造了一轮阅读、

两轮领学、三轮测试"1 + 2 + 3"的培训体系，邀请上海各大红色基地的金牌讲解员为队员们亲身示范、传授经验，老渔阳里 2 号、上海档案馆等地都成了队员们最好的实地学习场所，上海"四史"宣讲的专家团成员也受邀为队员们授课。在讲解的基础上，志愿服务队积极开展理论研究和宣讲，与复旦大学博士生讲师团联袂推出《共产党宣言》精神、党的十九届六中全会精神等主题宣讲，将"四史"教育与"青年马克思主义者培养"有机结合，突出理论学习和实践体悟。此外，从 2021 年下半年起，队伍根据中小学不同学段的差异，积极筹备大中小德育一体化系列课程，开展多轮集体备课，邀请复旦附中等中小学一线教师提出指导意见，队员们走进复旦附属中小学、南洋中学、北蔡高中等中小学课堂开展宣讲。

（二）创新形式载体

志愿服务队结合不同受众的特点和需求，选用他们听得懂、喜欢听的语言，侧重他们感兴趣的内容，让宣讲更有针对性和感召力。经过反复打磨，志愿服务队形成了"3 + X"的个性化讲解稿，针对党政机关、专家学者、学生大众这三类群体形成各有侧重的讲解稿，同时队员们也可结合个人特点适当发挥，形成独具个人特色的讲解稿和多门宣讲课程。此外，志愿服务队开发了多种云讲解产品，包括视频云游望道旧居、线上图片讲解旧居等，进一步拓展讲解宣讲的覆盖面，突破讲解的时间、空间限制，并积极推进针对非团体听众的语音讲解、线上讲解，提升听众参观体验；启动多语种宣讲服务的孵化项目，包括德、俄、英、日、韩、法 6 个语种的宣讲稿翻译。在积极探索创新"互联网 + 党建""党史 + 美育"等传播载体上，参与创作原创歌曲《望道》、原创校史剧《追梦百年》等。

（三）建立长效机制

　　长效的理论宣讲要依赖讲解队伍的自身建设。队伍成员在各级党团组织中担任学生辅导员、党支部书记、院系研会执行主席、博讲团讲师等。队伍下设队伍培训、讲解统筹、主题活动、创新产品等功能组别。为了打造一支建制有方、有为有恒的坚强队伍，志愿服务队在2020年7月1日成立了学校第一个功能党支部，开展组织生活和主题党日活动，在坚定理想信念、深化理论学习等方面发挥重要作用。此外，志愿服务队不断强化遴选、培训、考核、试讲、主讲的讲解员培养流程，不断加强资料、经验和分人群服务经验的积累，不断完善集体备课、研究工作坊和"传帮带"等机制，聚焦理想信念和能力提升进一步完善队员培训和培养方案，形成短中长期相结合的全流程培训机制，统筹开展经典阅读、实践研学、理论备课、讲解培训、材料编写等能力提升活动，确保宣讲质量。为进一步做好讲解员的阶梯培养，志愿服务队建立预备队机制，从全校选拔优秀党团骨干加入预备队，经过严格培训后分批上岗。

三、探索建立馆校协同发展模式

　　长久以来，革命纪念馆因其丰厚的红色资源与党史学习教育素材，成为学校开展校外教育的不二选择。有鉴于当下博物馆、纪念馆与学校的联系还停留在偶然性的参观活动和随机性的巡展模式，馆校双方都亟待寻得一种科学、常态、可行的馆校合作模式，协同理论由此进入教育者视域，成为探索场馆资源系统与学校教学系统协同运作的途径之一。

（一）协同模式是馆校合作的更高发展阶段

协同理论（Synergetics），也称协同学，由原联邦德国斯图加特大学教授、著名物理学家哈肯于 1974 年提出。协同理论把一切研究对象看成是由组元、部分或子系统构成的系统，这些子系统彼此会通过物质、能量或者信息交换等方式相互作用。该理论认为，由于不同系统性质的迥然不同，各系统内的子系统之间也必然大相径庭。[1] 但是，这些子系统所构成的系统在宏观结构上的质变行为，即由旧的结构突变为新的结构的机理是类似的，甚至是相同的。在特定条件下，一个完整系统中的子系统之间通过非线性的相互作用可以产生协同现象和相干效应，使系统成为具备某（几）种功能的组织性结构，从而达到新的有序状态。

在协同理论的视角下，馆校协同的发展模式则是将"馆校合作"作为一个大的系统，红色场馆和学校及其附属的其他因素均属于子系统的范畴。红色场馆作为红色资源子系统，又包括革命文物、思政教育活动、红色记忆空间和教育配置等因素，学校的子系统则包括觉识、多元教学方法、关联课程和全面发展等因素。[2] 有学者认为，自新中国成立以来，我国校外教育经历了萌芽期、初创期、破坏与

---

[1] 陈昕：《基于协同学的城市交通控制与诱导系统协同的理论与方法研究》，吉林大学博士学位论义 2006 年。

[2] 王乐、涂艳国：《馆校协同教学：馆校合作教学模式的理论探索》，《开放学习研究》2017 年第 5 期。

恢复期、发展期、转型期几个阶段，并且其定位功能由"延伸""补充""并举"转向了"协同"。[1] 其中，"协"代表协调，"同"代表方向和目标的一致性，而馆校合作的协同发展，则表明双方致力于博物馆教育、学校教育的相互促进，共同为学术研究、立德树人的发展而努力。在系统中，红色场馆与学校之间不存在高低尊卑之分，这要求双方均需要打破价值优先的特权和各自为政的实践惰性，走向协作。

（二）国家革命文物协同研究中心的建立、实践与展望

为切实把革命文物保护好、管理好、运用好，加强高校与革命纪念馆之间的馆校合作交流，教育部、国家文物局联合开展国家革命文物协同研究中心建设工作。此项工作于 2022 年启动，经组织推荐、现场答辩、实地考察、专家评议等诸环节，2024 年 3 月 11 日，教育部、国家文物局发布《教育部　国家文物局关于公布国家革命文物协同研究中心名单的通知》，遴选产生了 20 个国家革命文物协同研究中心。其中，上海高校和场馆参与创设的共有两家，分别为中共一大纪念馆·上海大学国家革命文物协同研究中心、遵义会议纪念馆·同济大学国家革命文物协同研究中心。

国家对协同中心的设立和发展可谓寄予厚望。文件中明确指出，这一批国家级人文社科重点平台的目标是打造成为"具有创新性、示范性、引领性的红色资源研究高地、革命文物保护利用高端智库、革命文化学术交流重要平台、红色资源共建共享中心"，为此，官方将

---

[1] 郑奕：《博物馆与中小学教育结合制度设计研究》，复旦大学出版社 2022 年版，第 112—113 页。

"加大支持力度，提供相关保障"。这样大规模的扶持，显示协同中心是官方认可、推动、支持背景下的一次馆校联合的跃升，对于纪念馆和高校而言是全新的起点，代表着各式各样的新机遇。下文试以中共一大纪念馆·上海大学国家革命文物协同研究中心（以下简称协同中心）为例，梳理协同中心在国家战略目标指引下、馆校融合发展大背景下用好上海红色资源、发挥思政育人作用的具体做法。

1. **瞄准发力点：中共建党时期革命文物的研究阐释**

协同中心拥有天然的红色血脉，两家合作单位的历史渊源与红色文化底蕴深厚。中共一大纪念馆（以下简称一大）自1952年建馆以来，便始终注重革命文物的收集、保护、研究、传播和推广。上海大学则是由中国共产党创办并实际领导的第一所正规大学，享有"文有上大，武有黄埔"，"北有五四时期的北大，南有五卅时期的上大"的美誉。从2022年接到申报通知，到2024年正式授牌，协同中心历经了两年的筹备过程。这期间，一大与上大的团队充分发挥各自的优势，同时展现出二者携手的力量。正是两家共同拥有的鲜红革命底色促成了这次的"一拍即合"。

中心甫一成立，便以弘扬伟大建党精神为思想牵引，将中共建党历史时期的革命文物作为研究、阐释与传播的重点，这主要是依托于中共一大纪念馆拥有的12.8万余件各级各类文物藏品，其中建党时期革命文物为大宗。研究好、讲述好这批革命文物背后的历史事件与人物精神，是协同中心各项工作的根本与核心。

研究工作需要平台的搭建与支撑。一大与上大拥有各类教育部人文社科重点研究基地，包括高校伟大建党精神研究中心上海大学分中心、上海市中国共产党伟大建党精神研究中心、中共创建史研究中心、上海大学政党治理研究中心等机构。当下，协同中心正着力协同整合各方资源，以文化新质生产力为引领，立足国家和上海重大需求，坚持基础研究、理论研究与实践应用研究相结合，用心用情用力切实把革命文物保护好、管理好、运用好，把中共创建史研究和伟大建党精神研究好、阐释好、传播好。双方形成的合力，是研究和弘扬以伟大建党精神为源头的中国共产党人精神谱系的一股重要力量。

2. 建设科学、高效的管理制度

在管理运营制度上，一大与上大共同承担中心的建设和发展，双方联合组建了工作团队处理中心日常的运营和管理工作。最高领导层采取双主任制，下设两名执行副主任，分别由馆校双方领导担任。在具体落实执行层面，协同中心设置了一处功能性办公室以及一个学术委员会，学术委员会的首席专家由资深中共党史专家、中共一大召开时间考证人邵维正将军出任。为了扩大协同中心的朋友圈、加速学术成果的产出，协同中心招募了首批 18 名特聘研究员。得益于多学科融合的发展理念，协同中心得到了上海大学 6 个学院的协助，并且在后续发展过程中将持续帮助中心扩大研究范围和实践领域。这 6 个学院包括：文化遗产与信息管理学院、文学院、马克思主义学院、新闻传播学院、美术学院、电影学院。双方同样在协同机制层面作了初步探索，在不同的职责中穿插了几点共性的认识，例如双方均要将中心纳入日常管理体制，双方均要为中心提供固定的工作场所等。

3. 促进科研成果的多元化呈现

在协同中心成立之前，一大与上大就进行过几次成功的合作。例如早在 2011 年，一大与上大携手组建了"萤火之光"志愿服务队，该团队于 2021 年荣获"上海市五四青年奖章集体"。现在一大基本陈列序厅中展示的大型铜雕也是由上大美术学院制作的。

在理论成果方面，一大与上大在国家社科基金、教育部人文社科研究项目、上海市哲社课题中均有立项，角度多样，包括大历史观、城市文脉、国际传播、大思政课建设等，成果丰硕。

在学术活动方面，项目多样、类型丰富、视角广阔、形式创新是中心举办各类研讨会议的突出特点，不仅有小范围、小圈子的学术沙龙、圆桌会议，还有邀请各地学者参加的大型座谈会；其对象不仅有面向党史专家的重磅会议，还有鼓励年轻人交流分享的青年论坛。多样化的会议为不同群体的交流提供了合适的舞台。

经过部署，协同中心在未来的战略布局和发展方向上主要有以下五点：

第一，持续瞄准两个重点话题——革命文物和红色基因，靶向开展课题研究。深入挖掘和阐发革命文物蕴含的思想内涵、时代价值、历史意义和教育意义，也即是说不将视角局限于文物本身，还要结合历史背景、社群记忆、口述历史等进行考察。2024 年 7 月 23 日，协同中心就周恩来、邓颖超家书研究的课题进行了立项，将对这一主题从发生、演化到传承展开多维度的学理性探讨。

第二，针对宣传教育，将从两个角度进行深挖。首先，着力于将传统党史教育做大、做实、做新。通过多种活动形式，细分受众，以"人—事—物—魂"为线索展开叙事，定制化打造有特色、有记忆点的党史教育项目。其次，努力探索搭建"线上 + 线下"的传播体系，深入挖掘文化创意产业的全新打开方式。

第三，人才培养方面，协同中心已经初步形成了一支学科结构合理、年龄结构相当、创新能力强的人才队伍，为后续的人才培养打下了坚实的基础。此外，通过高校人才培养与行业人才培训"两条腿走路"的模式，辅以适当的理论研究项目与文保实操项目，将致力于培养革命文物研究与实践应用的高层次复合型人才。

第四，"文保利用"方面，协同中心一直将革命文物的征集与保护视为非常重要的任务，致力于探索传统物理修复、现代科学保护、数字化保护相结合的新型革命文物保护模式。

第五，推动文化传播，其中的重点工作是探索革命文物与红色故事的国际传播，增强红色文化的国际影响力和感召力。协同中心将通过多种方式持续探索国际交流和跨文化传播的新途径，如开展国际研讨会、举办跨境展览等。

四、常态化开展党史学习教育

党的二十大报告对坚持不懈用新时代中国特色社会主义思想凝心铸魂作出重大部署，强调要加强理想信念教育，坚持理论武装同常态化长效化开展党史学习教育相结合，传承红色基因、赓续红色血脉。2024 年《党史学习教育工作条例》的印发，则首次把党史学习教育提升到制度层面进行明确要求，进一步推动党史学习教育科学化、制度化、规范化，为下一步深化党史学习教育活动、扩大党史学习教育成果提供了坚实保障，其中更是特别强调了红色资源在党史学习教育中的重要作用。这不仅提醒广大党员群众要重视发挥红色资源的学习媒介作用，同时也对红色资源的守护者、传播者，尤其是革命类博物馆、纪念馆等相关领域从业者提出了更明确的指导要求。近年来，上海重视党员党性教育工作，形成了一系列党性教育品牌，进一步丰富党员教育内容、创新党员学习方式，为基层党组织严格有效落实党的组织生活制度提供支撑。

（一）"初心讲堂"党员理想信念教育品牌

为突出弘扬伟大建党精神，充分发挥上海红色资源优势，由上海市委组织部、市委宣传部作为指导单位，将中共一大纪念馆、中共二大会址纪念馆、中共四大纪念馆作为核心阵地，着力打造"初心讲堂"党员理想信念教育品牌，以学思践悟习近平新时代中国特色社会主义思想为主线，以传承弘扬伟大建党精神为主题，将红色场馆打造成为"主题教室"，把红色故事作为"活教材"，让专家学者、先进典型、身边榜样等成为"特聘教师"。"初心讲堂"按照一月一讲的频次进行课程开发，采取"现场开讲＋线上直播"形式，在每月第二、三、四周的周五定期开展主题鲜明、特点突出、形式多样、氛围庄重的党员教育活动。

1. 突出品牌引领

"初心讲堂"采取的授课方式包括主题讲座、沉浸式课程两方面。讲座在采取专题讲座、"三人谈"等授课形式的同时，还注重把组织优势和文化资源特色优势充分整合起来，创新打造沉浸式课程，现场演绎交响乐《正道沧桑》、诗朗诵《力量之源　信念永恒》、沪剧《一号机密》等作品，并通过主创人员交流分享、相关党史知识讲述等方式，使党员"穿越"回历史场景之中，深切感悟上海作为初心之地的使命光荣。同时，突出品牌效能，推出"初心讲堂"品牌标识、文创产品等，每次活动均为现场参与党员发放"初心学习包"，内含党章、党员教育管理工作条例、上海市优秀党课概览等学习材料。

2. 优化内容供给

"初心讲堂"活动紧扣党中央和上海市委重大决策部署、重要会议活动、重要时间节点，聚焦深入学习贯彻党的二十大精神，贯彻落实上海市第十二次党代表大会和十二届市委一次、二次全会精神，举办"夺取中国特色社会主义新胜利的政治宣言与行动纲领""当好排头兵先行者，努力建设具有世界影响力的社会主义现代化国际大都市"等专题讲座，推动党员干部深切感悟新思想的真理光芒，增强忠诚拥护"两个确立"、坚决做到"两个维护"的行动自觉。

3. 发挥场地优势

"初心讲堂"活动充分体现中共一大、二大、四大在党史中的重要地位、重要作用，紧密结合相关三个核心场馆的特色优势开展党课活动。中共一大标定着中国革命的伟大起点，一大纪念馆聚焦百年党史推出精品课程，结合丰富展陈，生动展现党的诞生历程，让党员干部更深刻感悟中国共产党的精神之源。中共二大诞生了首部党章，二大会址纪念馆结合打卡活动，串联起周边的中共中央秘书处机关（阅文处）旧址、中共中央军委机关旧址等红色场馆，让党员干部从中加深感悟感动。发挥历史背景优势，体现互动性。中共四大首次确定党的组织建设制度，明确党员三人以上需成立支部，四大纪念馆创新采用"三人谈"形式，邀请专家学者、名师名家、先进模范、基层党组织书记、党代表等，围绕党的建设、党史故事等进行深入对谈，强化互动参与，引发党员干部深入思考，提升教育实效。

4. 坚持常态长效

"初心讲堂"活动立足推动党员理想信念教育常态化长效化，坚持把"初心讲堂"作为"三会一课"和主题党日的重要载体，作为党员领导干部讲党课的重要平台，作为基层党组织书记培训和党员普遍轮训的课程内容。"初心讲堂"充分挖掘上海学思践悟新思想的实践探索、改革攻坚克难奋进的精神富矿，把解决实际问题、推动实际工作作为衡量党员教育效果的重要标尺，着眼大局、融入大局、服务大局，推动广大党员切实将学习成果转化为奋进新征程、建功新时代的强大动力。结合"初心讲堂"品牌建设，进一步加强党员教育体系化建设理论研究和实践探索，探索建立学思践悟一体化推进的长效机制，不断提升党的理论教育和理想信念教育的质量水平。

（二）龙华烈士纪念馆系列党课

近几年，上海市龙华烈士陵园（龙华烈士纪念馆）依托上海丰富红色文化资源，深入红色故事，创新教育形式，将史料转化为党史学习教育的生动"教材"，开发出形式丰富的党课，使全市党员干部深刻感受上海作为党的诞生地、初心始发地的光荣传统和责任担当，有力推动党史学习教育走深走心。

1. 丰富党课形式，培育青年红色信仰

自2018年6月起，龙华烈士纪念馆推出"龙之华，初之心"系列精品党课，主题党课面向社会各界人士，尤其是党员群体，让学员们通过党课，再次体会"忠诚、奋斗、牺牲"的内涵，从历史中汲取力量，接受深刻的党性教育和精神洗礼，进一步坚定理想信念。2020年，龙华烈士纪念馆更新主题形式，聚焦红色场馆的"四史"学习教育，致力于讲活历史故事、用活红色资源，让观众通过体会触手可及的"活"历史，来感悟今天幸福生活的来之不易。

此外，龙华烈士纪念馆与上海戏剧学院、上海市拥军优属基金会

联合出品大型原创话剧——《前哨》，以宣传左联五烈士的革命精神。并且，龙华烈士陵园出品话剧《流火》《那年桃花》等，和上海音乐学院联合打造大型交响组曲《龙华魂》，和上海话剧艺术中心联合打造话剧《浪潮》。

2. 多种形式组合，开启龙华红色记忆

2020 年 7 月 1 日，龙华烈士纪念馆聚焦龙华革命烈士纪念所深刻记录的中国共产党奋斗史，推出专题纪录片《龙华的去年今日》，讲述历史，传承精神。当日于"龙华英烈"官方微博、微信公众号、抖音、B 站开播。纪录片共 11 集，每集时长两分半左右，通过文物追忆英烈故事，透过英烈故事弘扬精神。在创作上，《龙华的去年今日》顺应短平快视频时代的潮流，精准捕捉了现代人的特点喜好，以精致的微纪录小视频，生动的演绎、画面等形式，让更多的人快速了解龙华故事，解读红色文物遗产。在剧情中，精选了有关龙华的革命烈士或文物遗产作为线索，将其故事浓缩于两分半的视频中。这部微纪录片时长虽短，但内容扎实，以龙华烈士陵园的革命烈士或文物遗产作为线索，通过真人、三维动画和历史影像资料相结合的形式，在引人入胜的故事中展现龙华英烈精神。

短视频与党课相结合，开发出了两种不同时长的党课：15 分钟的"守初心·担使命"系列和 60 分钟的"龙之华，初之心"系列供观众选择。在这两种党课中，除了视频，还有现场讲课以及现场参观等。

3. 打造情景党课，提供沉浸式体验

2020 年，龙华烈士纪念馆首创无剧场话剧《那年桃花》，讲述了共产党人罗忠阳因叛徒出卖被捕入狱最终慷慨就义的故事。演出中，剧情被巧妙地安排在龙华烈士陵园内的参观路线上，观众们以"群众

演员"的身份，在几步之外跟随烈士"经历"当年的牺牲，"亲眼见证"一位共产党人坚守初心、毫不动摇的革命信仰。

2021年，龙华烈士纪念馆围绕首届中共中央监察委员会成员杨匏安、许白昊、张佐臣、杨培生的英勇事迹，与市纪委监委、上海话剧中心共同合作打造了情景党课《丰碑》。该党课注重营造"沉浸式"的学习氛围，打破了传统党课的单一讲述模式，在主讲人叙述外，加入更具历史代入感和艺术感染力的"情景演绎"部分，选取能突出反映"四烈士"对党忠诚、廉洁奉公、不怕牺牲等崇高品质的历史事迹，经艺术加工形成了《赤胆忠心》《以身许党》《热血忠诚》三个情景剧，作为情景党课的主体部分。通过专业话剧演员的动人表演，生动再现了杨匏安严词拒绝国民党威逼利诱慷慨赴死，张佐臣和杨培生冒着生命危险秘密起草革命宣言，以及许白昊克己奉公不沾一分一毫革命经费的感人故事，通过这种"身临其境"的学习方式，教育引导党员干部深刻感悟革命先驱的精神伟力，自觉传承革命先烈的崇高精神，推动党史学习教育向深里走、向心里走。

4. 开展专家评审会，促进党课再提升

2023年初，为促进党课进一步提升，龙华烈士纪念馆对"龙华魂"微党课进行了重大调整，在进行党课项目专题会后，党课组制定了党课相关的管理办法，同时规范了课程研发和改革机制，经过重重论证制定了《上海市龙华烈士陵园（龙华烈士纪念馆）党课课程管理制度》，对于当年度以及未来如何开展党课项目有一定的指导意义。在评审会呈现的三节微党课，严格遵照现行的党课研发流程进行筹备。相较于以往在筹备党课中遇到的研发深度不足、课程内容广度不够等症结，增加了专家指导及评审等环节，经过与专家多次线上线下的沟通、修改及试讲，确保了党课在研发过程的严肃性、严谨性和专业性，也初步建立了"龙华魂"微党课的研发运行机制。

第六节　破圈交互，以红色资源赋能新质生产力

习近平总书记在二十届中共中央政治局第十一次集体学习时指出，新质生产力是创新起主导作用，摆脱传统经济增长方式、生产力发展路径，具有高科技、高效能、高质量特征，符合新发展理念的先进生产力质态。[1]新质生产力的"新"以新技术、新经济、新业态为主要内涵。其中，新技术强调关键性、颠覆性技术瓶颈的突破，新经济强调通过科技创新与制度创新形成新的经济结构和经济形态，新业态注重以数字科技推动传统产业的数字化升级和数字技术的产业化发展。[2]文化产业是展现新质生产力特征及其效用的重要领域之一，新质生产力的提出为文化产业转型和供给侧结构性调整、推进文化产业高质量发展指明了方向。

红色资源是承载红色革命历史、推动赓续红色血脉的主要力量，也是培育新兴红色产业，加快培育发展新质生产力的有效支撑。近年来，上海的红色文化产业立足于自身的制度、市场、文化、技术、社会情境，逐步探索符合社会主义文化发展规律及市场经济特点的发展道路，累积了本土化的实践经验和理论基础，也形成了特定领域新质

---

[1]《习近平在中共中央政治局第十一次集体学习时强调　加快发展新质生产力　扎实推进高质量发展》，《人民日报》2024年2月2日。

[2]　周文、许凌云：《论新质生产力：内涵特征与重要着力点》，《改革》2023年第10期。

生产力的基本形态，其中，以红色文化内容生产为核心的红色文旅融合、红色文创开发、红色数智建设是重要发展领域，为赋能新质生产力提供了强大动力。

一、推动红色文旅深度融合

发展红色旅游，是党中央从巩固和扩大党的执政思想基础、群众基础、文化基础的战略高度，作出的一项重大决策。在中国旅游事业发展中，红色旅游是广大游客利用红色资源、感悟红色文化、达到"以文化人"目的所进行的旅游活动，而红色文旅融合是红色文化和文旅融合的组合概念，是红色旅游的一种创新理念和具体方式。在《中华人民共和国国民经济和社会发展第十四个五年规划和2035年远景目标纲要》中，明确提出要坚持以文塑旅、以旅彰文，打造独具魅力的中华文化旅游体验，推进红色旅游、文化遗产旅游、旅游演艺等创新发展。[1] 红色文旅融合是新时代背景下红色文化和文旅融合的深度结合，目标是推动红色文化产业和旅游产业同步转型升级，强调利用叠加效应，扩充产业链条，加强跨行业关联。

（一）上海红色文旅发展现状

上海作为党的诞生地，红色旅游资源丰富，在全国红色旅游发展中具有重要地位。自2004年以来，上海红色旅游发展规模不断扩大，体系不断完善，政治、社会、经济效益不断彰显，在建设社会主义现

---

［1］《中华人民共和国国民经济和社会发展第十四个五年规划和2035年远景目标纲要》，《人民日报》2021年3月13日。

代化国际大都市和高品质世界著名旅游城市中发挥着重要作用。为进一步促进上海红色旅游高质量发展，打响上海红色文化品牌，市旅游发展领导小组办公室于 2021 年印发的《关于全面提升上海市红色旅游发展水平的指导意见》明确提出，到 2025 年，上海力争重点打造全国红色旅游经典景区 20 个，建成国家 3A 级以上红色旅游景区 30 个，培育市级红色旅游基地 40 个，研发 50 条具有影响力的红色旅游精品线路，全市红色旅游接待人数突破 4000 万人次，年平均增长 15% 以上，使上海成为全国红色旅游发展高地、红色旅游融合发展典范、最具吸引力的红色旅游目的地之一。

（二）以红色研学赋能文旅融合与"大思政课"建设

红色研学是一项以红色文化为核心，集研究性、探究性与体验性于一体的学习项目，旨在通过深入的学习与实践，使学生能够全面、深入地理解和传承红色文化的精髓，从而培育他们的爱国主义情怀、历史使命感和社会责任感。[1] 文旅融合时代背景下，上海市坚持将红色文化与红色旅游相结合，提供红色文旅信息服务，打造精品红色研学、游学线路矩阵，将其视作摆脱空洞的理论说教与学理阐释、活化红色文化资源的理想路径。

2021 年，文化和旅游部发布公告，正式确定上海市中国共产党一大·二大·四大纪念馆景区为国家 5A 级旅游景区，形成以建党革命历史文化为核心的旅游景区。目前，上海的各类红色资源机构借势于区域联盟，精选典型革命文物、史料档案，与周边兄弟场馆、教育

---

[1]　邱艳：《红色研学赋能"大思政课"的价值意蕴及实践理路》，《学校党建与思想教育》2024 年第 14 期。

基地、旅游景点等相关部门联手打造红色旅游精品研学、游学线路矩阵，为受众提供场景化、立体化、沉浸式体验的红色实体场景，让红色文化以立体的"活"的方式呈现在读者面前，以真实场景提升广大群众的红色共情能力，加强红色文化资源的效果。

红色文化研学是发展红色文旅融合的关键步骤，也是红色文旅服务青少年群体、朝着年轻化样态发展的举措。目前，上文提及的"红途"在线平台已面向青少年群体推出了若干条"少年'红途'行"路线，包括"如愿·愚园""勇立潮头""寻找诞生地""筚路蓝缕""大美奉贤""奋楫争先""品读金山"等。中共一大纪念馆创新打造"一大研学"品牌，推出"树德有为　雏鹰少年"红色思政服务系列项目，以教育课程、教育服务为载体，以弘扬伟大建党精神、讲好文物背后的故事为核心，为全国中小学生提供富有思想内涵和时代价值的创新教育产品，即以便捷可操作的视频教材为载体，讲述中共一大纪念馆重要展陈场景及珍贵藏品，通过讲解员以青少年听得懂的语言、德育教师以走出课堂展开实践教学的形式，揭开一件件藏品背后的故事、挖掘一段段历史传达的信念，进一步满足中小学德育教学资源供给，全面推动红色教育资源成为校园德育课堂的特色课程。[1]

二、开发红色文化创意产品——以"一大文创"品牌为例

为深入发掘文化文物单位馆藏文化资源，发展文化创意产业、开

[1] 阮竣、张瑜：《在党的诞生地大力弘扬伟大建党精神——中共一大纪念馆以大思政课促进文旅融合》，《中国文物报》2024年7月1日。

发文化创意产品，从而更好地推进经济社会协调发展、提升国家软实力，2016 年 5 月，国务院办公厅转发文化部、国家发展和改革委、财政部、国家文物局 4 部门印发《关于推动文化文物单位文化创意产品开发的若干意见》(以下简称《意见》)。《意见》明确了推动文化文物单位文化创意产品开发的总体要求、主要任务、支持政策和保障措施，并提出要选择部分单位开展试点，在开发模式、收入分配和激励机制等方面进行探索。《意见》的出台，对推动我国文化文物单位文化创意产品开发具有重要意义。

作为国家文物局确定的文化文物单位文化创意产品开发的首批试点单位，中共一大纪念馆在近年来持续探索"红色文创"的发展与破圈之道。2021 年 6 月，中共一大纪念馆新馆对外开放，同时所属文创品牌"一大文创"也正式亮相。上线以来，"一大文创"秉持"留下感动，带走回忆"的基本理念，不断推陈出新、扩大影响，如今成为国内红色文创开发领域的一面鲜明旗帜。在内容生产上，"一大文创"将知识传播与社会效益置于首位，依托中共一大纪念馆丰富的馆藏文物等红色资源，在牢牢把握红色文化意识形态属性基础上以红色文创产品为传播载体，进一步延伸展览内容、普及党史知识，使红色纪念品成为纪念馆展览展示、宣传教育、公共服务等功能的有益补充；在产品开发上，"一大文创"在法律依循及市场经济规则下形成从品牌注册、IP 授权、设计开发、生产销售的全产业链；在传播推广上，"一大文创"不仅探索文创产品多渠道多层次营销模式，打通线上线下平台，建立完整营销体系，还通过促销活动、文博展会、流动展车、快闪商店、研讨会议等形式吸引社会各界的关注，扩大红色资源的传播力与辐射面，有力推动了红色文化创意产业的完善发展，打响上海红色文化品牌。综合而言，"一大文创"的创新突破可总结为以下5点。

1. 精细化探索授权模式

2021年下半年，为保证文化创意产品的原创性与品牌性，中共一大纪念馆登记注册"一大文创"自有品牌，并在版权登记、商标注册基础上设计了品牌logo、手绘图案等十多种品牌形象与图案元素，系统构建了品牌体系。为使"一大文创"更好地发挥资源价值，团队不断摸索适用于纪念馆自身发展的文创授权模式。一是品牌授权，即将馆藏资源授权给合作供应商进行商业开发；二是经营授权，即将一大文创商店授权给合作运营方开展实体运营，以规避纪念馆无法开展文创经营的体制限制；三是内容授权，即输出依托馆藏资源，围绕"党史学习教育、弘扬伟大建党精神"等内容制作的原创展览，让红色文化走进革命圣地、援建地区、伟大精神发源地和基层单位；四是冠名授权，即对具有市场前景的馆内原创专题项目通过引入市场机制的方式进行参与和开发。[1]通过这4类文创授权模式，馆方有力促进红色文化资源向红色文创产品转化，推动红色文化产业融入市场发展机制，以红色文化赋能新质生产力、走出传统文化产业的藩篱。

2. 在地化开发红色文创

红色文创开发的一大挑战在于正确处理红色文化与市场环境之间的冲突矛盾，避免商业环境对厚重革命历史的消解与侵蚀，以至于落入消费主义、泛娱乐化的牢笼。故而，意识形态与价值取向始终是红色文创开发应当坚守的根本底线。为此，"一大文创"将弘扬伟大建

---

[1]　吴凡：《伟大建党精神引领下的红色文化IP挖掘与传播——以中共一大纪念馆"一大文创"品牌为例》，《文化月刊》2023年第10期。

党精神、讲好建党故事作为开发环节的核心，将文创产品视作党史故事、人物精神的具象载体，在设计选品上把握"内容为王"的基本原则。目前，"一大文创"围绕会址建筑、革命人物、馆藏文物等红色资源自主研发产品超 300 个，仅 2023 年一年销售额突破 4800 万元。此外，馆方积极以红色文创为切入点推动跨界融合，立足一大特性、叠加上海特色，与光明、冠生园、茂昌眼镜、马利、东浩兰生等 20 多家上海知名老字号品牌开展联名合作，有力促进了红色文创的创新演绎和快速上新，在为受众带来满足感、新鲜感的同时实现了革命传统生命力的延续。

3. 分众化对标客户群体

据调查显示，一大纪念馆的观众 60% 为年轻群体，必须使革命历史触达青少年观众，使之真正感受到革命传统的时代意义。一方面，"一大文创"在产品研发上以经济、实用、活泼为设计导向，寓教于乐，做到在玩中学、在学中玩；另一方面，利用当下热门的快闪、打卡等年轻群体喜闻乐见的运营形式，实现红色文化与"Z 世代"的双向奔赴。针对少年儿童、在校学生、都市白领、健身爱好者、老年人等不同客户群体，进行产品开发，以满足不同客户群的美好生活需要。

4. 多元化搭建运营矩阵

"一大文创"依托线下文创门店、一咖啡门店，线上微店、天猫旗舰店等平台，业已形成多种渠道运营矩阵；坚持公益性、教育性，活化门店空间的使用途径，打造新型党建学习空间。仅 2023 年，一咖啡已上架商品 26 类，销售数超 12 万件，并承接各项红色主题文化活动 31 场，依托初心之地丰富的红色文化资源，成为独具特色的党建活动阵地、传承建党精神的交流驿站，同时也配合中国博物馆协会文创产品专委会 2024 年会、第四届长三角文博会等活动进行相关展示。

5. 衍生化提升新质传播

除了线上线下平台销售外，为提升红色文创的传播效能，"一大文创"借助展览展车、文博展会、研讨活动等手段寻求红色文创的多种"出圈"角度。如配合"伟大精神铸就伟大时代——中国共产党伟大建党精神专题展""精神之路——中国共产党人伟大精神文物史料专题展""伟大飞跃——马克思主义中国化时代化文物史料专题展"等专题特展开发纪念封等文创产品。2023 年 11 月 16 日至 18 日，在中国博物馆协会文创产品专业委员会成立十周年之际，中共一大纪念馆承办"中国博物馆协会文创产品专委会 2023 年会暨'文化创新赋能美好生活'博物馆文创研讨会"，邀请中国博物馆协会文创产品专业委员会主任委员单位、副主任委员单位、会员单位等 110 余家 160 余名代表及部分知名文创企业代表、媒体记者出席。此外，"一大文创"积极参与中国博物馆及相关产品与技术博览会、中国（深圳）国际文化产业博览交易会等，以数字化应用赋能内容创新，展现"科技＋红色文化"的魅力，极大推动了上海红色资源的生产力转化。

三、数智赋能红色文化传承

近年来，云计算、大数据、5G、人工智能、区块链等数字技术综合应用场景的拓展，使红色文化产业正加速实现网络化、数字化、智能化。数字出版、数字广播、数字展览、数字艺术等新型文化业态逐渐占据了红色文化产业内部结构中的重要位置，推动红色场馆等文化设施"有机体"成长为"智慧体"。

更有一批纪念机构积极朝着更高形态的"元宇宙"方向探索迈进，代表了上海市红色资源保护利用主体已实践多年、未来将继续深入探索的方向。如中共一大纪念馆携手中国联通打造"数字一大"元宇宙应用场景，这是首个数字世界中的"中国共产党人的精神家园"，搭建了数字孪生真实空间、数字原生神秘空间、虚拟现实融合空间，形成"热血年代""山海同辉""三会一课""线上线下融合"四大主题，获评上海市元宇宙重大应用场景建设成果，并亮相2023世界人工智能大会。

在组成元宇宙的重要媒介中，虚拟现实技术能够有效助推红色文化产业的场景转型。借助各类AR/VR等可穿戴智能终端，用户可以接入数字技术构建的虚拟世界，在与虚拟环境的交互之中进行与现实世界高度趋同的感官活动和认知活动。[1]2021年以来，上海市历史博物馆（上海革命历史博物馆）、中共四大纪念馆、上海图书馆东馆等机构开始初步探索将VR系统引入红色展览、打造红色智慧场景的新路径。2024年7月，中共一大纪念馆联合上海美术学院打造的全国首个LBE VR红色文化沉浸式体验展"数字一大·初心之旅"正式面向公众开放，通过7幕场景打造360度沉浸式、环绕式的虚拟现实体验，带领观众重回热血沸腾的觉醒年代，身临其境感受史诗级红色叙事，是"新时代"应用"新科技"对红色文化的"新表达"，成为红色文化传播新途径的一次创新突破。

---

[1]　苏衡：《元宇宙视域下文化产业新质生产力发展探索》，《江苏社会科学》2024年第4期。

第六章
他山之石：其他地区用好红色资源的突破创新

当前，我国不同地区在保护利用红色资源的制度、理念、实践方面有诸多不同，但均高度重视根据自身特色发展出红色资源发掘传扬的一套行之有效的做法。本章主要采取比较研究视角，采撷各省市、场馆的成熟经验，秉持"以点带面、示范引领""按需选取、为我所用"的案例选择原则，坚持立足上海、放眼全国，以期为上海乃至全国创新利用红色资源提供省思与参考。

第一节　其他省市地区用好红色资源的突破创新

在党和国家高度重视红色资源保护传承工作的时代背景下，各地区加强协作、积极作为，将本土红色资源作为讲述党史故事、弘扬革命传统的生动教材，结合本地特色创新阐释途径，在全国大地上展现出更加丰富多彩的红色文化发展形貌。以下各部分通过介绍 5 个省市的实践案例，探讨各省市结合在地优势演绎红色文化新样态的创新途径。

一、建好用好建党主题片区

北京在建党历程中发挥着举足轻重的作用，在建党资源的丰富程度、重要程度方面与上海有着诸多共性和深层次的历史连接。党的十八大以来，习近平总书记 6 次考察北京革命纪念场所，并发表重要讲话，为北京地区传承弘扬红色文化提供了根本遵循和巨大鼓舞。近年来，北京坚持首善标准，坚持守正创新，以高度的政治自觉、思想自觉、文化自觉，扎实推进建党有关革命文物集中连片保护利用，取得显著成效，其规划建设建党主题片区的先进经验值得学习与汲取。

（一）北京建党历史资源的独特性

北京作为新文化运动的中心、五四运动的策源地，是马克思主义在中国早期传播的主阵地、中国共产党的主要孕育地之一。北京红色底色鲜明，红色故事众多，红色人物群星闪烁，红色遗址星罗棋布，红色地标独具特色。中国共产党的建立这一开天辟地的大事变，在京华大地上留下了光辉的印记，是北京红色文化的起点和源头。习近平总书记指出："中国共产党的主要创始人和一些早期著名活动家，正是在北大工作或学习期间开始阅读马克思主义著作、传播马克思主义的，并推动了中国共产党的建立。"

北京是马克思主义早期传播的主阵地。早在 20 世纪初，一批先进知识分子以北大红楼为主阵地，打开了思想解放的阀门。《新青年》杂志迁至北京后，在北京大学迅速形成一个以《新青年》编辑部为核心的新文化阵营。一批先进分子创办杂志报纸、成立研究团体、讲授专门课程、深入工农大众，广泛传播了马克思主义，并将革命的火种播撒到全国各地。

一批革命先驱在北京确立马克思主义信仰。北大红楼是李大钊、陈独秀等党的创始人早期开始革命斗争的地方。1918年到1920年，毛泽东两次来京，完成了向马克思主义者的转变。中共一大召开时，全国50多名党员中有24人或直接在北大入党，或在北大学习工作过；8个地方建立的共产党早期组织中，有7个地方负责人与北大有关。

北京是中国共产党的主要孕育地之一。随着马克思主义与工人运动的结合，李大钊、陈独秀认为，中国要革命、社会要彻底改造，仅靠一股激情是不可能成功的，必须成立一个"强固精密的组织"。他们率先提出从组织层面建党的计划，以上海、北京为中心，分别发动又互相联系，共同为创建中国共产党而积极工作，留下了"南陈北李，相约建党"的佳话。

北京是党的民族工作的"起点"。李大钊、邓中夏等深入位于北京西单小石虎胡同的蒙藏学校，在蒙古族青年中讲授革命真理，成立了第一个少数民族党支部，培养了一批少数民族革命干部。许多少数民族青年由此走上革命道路，他们中的许多人后来都成为中国共产党的优秀党员，为革命胜利乃至新中国建设作出了杰出贡献。

（二）深入推进建党主题片区建设

这几年，北京提出并推进建党、抗战、新中国成立三大主题片区建设，持续推进红色资源保护利用工作。2021 年 6 月 25 日，在建党百年前夕，习近平总书记带领中央政治局同志到北大红楼参观主题展览，强调"要用心用情用力保护好、管理好、运用好红色资源"，为持续做好红色资源保护利用工作指明了方向。在多年不懈努力下，建党主题片区成为北京践行伟大建党精神的重要载体。

坚持高位推进，强化保护利用力度。突出政治引领，以前所未有的力度推进革命文物保护利用。中宣部、国家文物局大力支持，北京市委主要负责同志挂帅，成立旧址保护传承利用工作领导小组，针对重点难点问题，专题研究审议、全力协调推进。统筹中央文物保护等专项支持资金、市区两级财政，全面落实腾退安置、保护修缮、环境整治、综合布展、内涵挖掘、系统提升等各项任务。

坚持央地统筹，充分激发体制活力。在中宣部指导下，北京市分别与国家文物局、国家民委深度合作，推动解决了产权、资金、管理等一系列体制机制难题，实施完成北大红楼和蒙藏学校旧址保护利用工程，充分激活了各方优势资源，有效实现"1 + 1 大于 2"的效果，创造了央地合作、部市合作进行革命文物保护利用的成功典范。在国家文物局支持指导下，在北大红楼挂牌成立中国共产党早期北京革命活动纪念馆，由北京市委宣传部直属管理。在国家民委支持指导下，完成地处西单商业核心地段的蒙藏学校旧址腾退、修缮、布展工作，以"展览 + 体验"方式面向公众开放，打造首个中华民族共同体体验馆，成为探寻首都红色文化的新去处。

坚持系统提升，实现连片整体保护。按照适度、恰当原则，北京对 31 处重要点位分成三类进行系统提升。一是"1 + 9"重点保护提升，利用北大红楼举办"光辉伟业　红色序章"主题展，对北大二院旧址、《新青年》编辑部旧址、李大钊故居、京报馆旧址等 9 处重要场馆，实施"一馆一策"，推出精品陈列。二是一般保护提升，对"亢慕义斋"旧址、长辛店工人夜班通俗学校旧址、马骏烈士墓等 11 处旧址，结合实际情况维护修缮。三是维持原貌、立牌存念，对杨昌济故居、毛泽东两次来京居住地旧址、李大钊牺牲地旧址等 10 处旧址，考虑历史的变迁，视情设立图文并茂的标牌，展示其历史作用。经过系统提升，以北大红楼为中心，形成建党红色文化主题片区，多处场馆成为热门红色"打卡地"。

（三）广泛开展研究、宣教、传播活动

三大红色文化主题片区以及全市 206 家爱国主义教育基地，是北京红色文化的突出标志，也是承载革命精神、开展爱国主义教育的重要资源，2023 年共计接待观众约 1.98 亿人次，为广大干部群众奋力推动新时代首都发展注入了精神动力。

立足服务大局，推动革命精神入心入行。结合建党 100 周年、新中国成立 70 周年等重大节点，广泛开展庆祝和纪念活动，在全社会营造传承红色基因、赓续红色血脉的浓厚氛围。北大红楼等系列旧址开放三年来，接待近 900 万人次参观学习，百余万名观众和 400 余位省部级以上领导先后走进北大红楼，追寻初心使命。建党红色文化主题片区成为服务党史学习教育、主题教育、党性教育、党纪学习教育的优秀实景课堂，广大干部群众从建党伟业中汲取精神滋养和奋进力量，转化为新时代首都发展的生动实践，以一流标准服务保障好北京冬奥会冬残奥会、党的二十大等党和国家重大标志性活动，展现了胸怀大局、蓬勃向上的精神风貌。

加强研究阐释，讲好建党故事。连续举办"北大红楼与伟大建党精神"学术研讨会，在《北京日报·理论周刊》《北京党史》推出研讨会专刊专辑，首届研讨会论文集由中共党史出版社出版。组织编写"北大红楼与中国共产党创建历史丛书"，高水平推出"北大红楼大讲堂""北大红楼学术活动季"等系列品牌活动。2023 年 9 月，《纪念馆研究》期刊成功创刊，填补同类型刊物空白，成为革命历史和革命精神研究的重要平台。2024 年 5 月，北京红色文化研究会成立，立足北京，面向全国，大力弘扬伟大建党精神。

打造文艺精品，立体传播成效显著。依托北京市重大题材文艺创作资源优势，全面推进精品创作。实施中国共产党早期北京革命历史"九个一"立体传播工程，电视剧《觉醒年代》打破了党史题材电视剧的多项纪录，成为现象级作品，获"五个一工程"奖。以之为蓝本创作的同名音乐剧广受好评，在全国巡演。纪录片《播"火"》《播"火"地》在北京卫视金牌栏目《档案》推出，为主旋律题材的纪录片创作积累了鲜活经验。

推动协同发展，宣传教育矩阵全面发力。加强主题片区和教育基地协同发展、融合发展，建立联席会议机制。拓展实施中小学生社会主义核心价值观培育"七个一"活动，到北大红楼等 7 处重要场馆实地研学成为"必修课"。创新实施"'京'彩文化　青春绽放"行动计划，覆盖 26 所在京高校 30 余万名学生，依托红色场馆开展"觉醒年代"研学行、"纪念馆之星"培育计划等特色活动。北大红楼等主要场馆均被纳入教育部"大思政课"实践教学基地。宣教队伍持续壮大，6 人摘得全国红色故事讲解员大赛金牌。

二、一以贯之守护"红色根脉"

浙江嘉兴南湖是中国共产党梦想起航的地方，当年的中共一大正是先在上海召开，又转移至嘉兴南湖红船上。"红色根脉"也由此成为党在浙江百年奋斗中最鲜明的底色。在建党历史资源的赓续上，上海与嘉兴在着力点和目的点上有着相似性。围绕扛起守好"红色根脉"、传承弘扬伟大建党精神的时代使命，浙江近年来在深挖理论富矿、传承红色基因、保护红色资源上重点发力，积极探索用好红色资源的新路径，积累了丰富的实践经验。

（一）深挖红色根脉的理论富矿

浙江着力发挥独特优势，打造新时代思想理论高地。首先是一以贯之发掘红色根脉的深厚内涵，弘扬伟大建党精神。遵循习近平总书记的重要指示，浙江成立红船精神研究院，加强对党的早期历史的阐释解读，连续 7 年举办"红船论坛"，举办南湖革命纪念馆"红船起航"主题展，出版《红船精神及其当代价值》等专著。同时，积极构建"浙江红色精神谱系"，围绕大陈岛垦荒精神、浙西南革命精神等深入研究，推出"浙江精神文化"丛书。

其次是一以贯之实施"八八战略"。"八八战略"是习近平总书记留给浙江的宝贵精神财富，为延续这一指示精神，浙江不断组织开展系列学习宣传教育活动，推动"八八战略"入脑入心入行。2023 年，"八八战略"实施 20 周年，浙江省委举办"八八战略"高峰论坛、专题新闻发布会、"大道之行——'八八战略'实施 20 周年大型主题展览"，展览累计观展人数 80.39 万，相关报道传播达 3.5 亿次。全省联动开展"'八八战略'在指引·我们的新时代"群众性宣传教育活动，累计举办 10 万余场次。

最后是一以贯之深化理论阐释。其一，大力实施浙江省习近平新时代中国特色社会主义思想研究传播工程，创新开办"第一视点"专栏，探索省域层面讲好总书记故事的新模式新路径；其二，编撰出版《习近平新时代中国特色社会主义思想在浙江的萌发与实践》等专著；其三，举办"共同富裕"高峰论坛等活动，取得一系列研究成果，为弘扬践行伟大建党精神提供了浙江实践。

（二）发挥"红色根脉"的教育意义

浙江是中国革命红船起航地、改革开放先行地、习近平新时代中国特色社会主义思想重要萌发地，要充分发挥好这种政治优势，必须大力传承红色基因，在教育传播层面下足功夫。

第一，广泛开展红色宣传教育。组织开展"循足迹　悟真理"红色研学精品路线推介、红色故事会巡演、红色教育讲解员风采展示等活动，连续举办 13 届全省微党课大赛，举办"百年潮涌——浙江省庆祝中国共产党成立 100 周年大型展览"，掀起"红色足迹我来循、红色故事我来讲"的红色文化传播热潮。

第二，持续擦亮红色宣讲品牌。深入实施党的创新理论走心工程，培育了"8090"和"00 后"新时代理论宣讲团等青年宣讲品牌。2020 年，习近平总书记对"8090"新时代理论宣讲工作作出重要批示。遵循习近平总书记批示精神，浙江不断创新"我最喜爱的习总书记的一句话""让'党史'潮起来"等宣讲品牌，举办"青年说""上场吧！00 后 talker"等活动，青年群体学习党的历史、传播党的声音在之江大地上蔚然成风。

第三，精心创作红色文艺精品。浙江精心组织长篇报告文学《红船启航》、歌剧《红船》、电视剧《一大代表》等红船系列文艺精品创作。围绕"浙江红色精神谱系"，推出电视剧《温州一家人》《鸡毛飞上天》《我们这十年》以及舞剧《风起大陈》、越剧《浪尖上的蚂蚁岛》等叫好又叫座的红色文艺精品。

（三）推动红色资源的价值转化

为充分运用好红色资源这个载体和鲜活教材，浙江在保护传承红色资源上持续发力。

一是系统谋划保护红色资源。认真贯彻落实习近平总书记关于"在建设中华民族现代文明上积极探索"的重要指示，坚持在建设中华民族现代文明中不断弘扬伟大建党精神。省委研究谋划了中华民族现代文明建设浙江探索"十大行动"，如实施理论研究传播行动，着眼讲好总书记的故事、阐述好总书记的思想、展示好浙江实施"八八战略"的生动实践，进一步深化党的创新理论研究传播。

二是推进立法保护红色资源。积极开展《红色资源保护传承条例》立法工作，从政治高度把握红色资源立法的相关制度设计，面对红色资源保护传承领域的新情况新问题，对红色资源保护传承的体制机制、工作目标和工作体系、责任和义务进行全面系统规范，全力守护"红色根脉"。

三是活化利用保护红色资源。深入挖掘红色文化资源，促进文旅产业融合发展。开通"南湖·1921"红色专列，升级打造新时代"重走一大路"体验教育线路。投入省文化产业发展专项资金，重点打造以新四军苏浙军区旧址群为核心的"江南红村"文旅融合项目。聚焦浙江红色、非遗、运河等特色主题推出"红船少年　重走一大路"等研学产品，打造沉浸式红色研学实践课堂。

"红色根脉"是中国共产党在浙江百年奋斗历程中最鲜明的底色，掌握这一基因密码，是浙江精神之源、使命之源、力量之源。而唯有持续强化"浙江红色精神谱系"在新时代的研究阐释、宣传教育、传承转化，用好全省范围内的红色资源，方能彰显这一红色底色的时代内涵。

三、建设苏区精神传承示范区

江西是一片充满红色记忆的红土地。2023 年 10 月，习近平总书记在江西考察时强调，要用井冈山精神、苏区精神、长征精神砥砺党员、干部，教育引导党员、干部坚定理想信念、牢记初心使命、积极开拓进取、勇于担当作为。近年来，江西省深入贯彻落实习近平总书记考察江西重要讲话精神，聚焦"走在前、勇争先、善作为"目标要求，深入推进全国红色基因传承示范区建设，着力建设全国红色资源保护样板地、全国红色基因传承研究高地、全国红色教育聚集地、全国红色旅游首选地、全国红色文化传播引领地，为奋力谱写中国式现代化江西篇章提供强大精神动力。

（一）科学管理打造全国红色资源保护样板地

江西省不断加强顶层设计，完善政策法规体系，加强红色资源科学保护和管理，推动红色资源活化利用，切实把省内的红色资源保护好、管理好、运用好。

一是实施红色资源集中连片保护利用工程。制定出台《关于推进红色文化资源保护与开发利用工作的意见》等一系列政策文件，组织编制江西省红色资源保护与开发利用总体规划，大力开展红色资源全面普查，加大革命遗址遗迹、烈士纪念设施等的维护修缮力度，做好红色档案、红色歌谣、红色标语等的挖掘、修复等工作。目前，江西共保存2344处革命遗址，赣南等原中央苏区革命旧址整体保护经验成为全国典型示范，红色标语保护利用成为全国革命文物保护利用样板。

二是推动新时代革命文物工作高质量发展。在全国率先出台《江西省革命文物保护条例》，制定《关于加强新时代江西革命文物保护利用的意见》，探索革命文物整体保护模式，推出革命文物保护利用标识，推动革命文物资源信息开放共享。江西现存不可移动革命文物2960处，可移动革命文物43650件（套），87个县（市、区）列入革命文物保护利用片区分县名单。

三是推进长征国家文化公园江西段建设。深入实施《长征国家文化公园江西段建设保护规划》，制定《长征步道建设工作指南》等文件，全省19个县区纳入重点建设区、38个县区纳入拓展建设区，36个重点项目已有35个顺利完成。目前，有关部门正在推进保护传承、研究发掘、环境配套、文旅融合、数字再现、教育培训等重点工作，着力把长征国家文化公园江西段打造成为中国共产党人初心使命的精神家园。

（二）靠大联强打造全国红色基因传承示范地

2022年3月，江西省联合中央党史和文献研究院、人民日报社、求是杂志社、中国人民大学等单位共建全国红色基因传承研究中心（以下简称红研中心），着力打造中国共产党人精神谱系研究高地、海内外红色文化学术交流重要平台、红色文化资源开发利用高端智库、红色资源共建共享数据中心。

一是加强顶层设计。成立由省委常委、宣传部部长担任组长，共建单位分管负责同志担任副组长的共建工作领导小组，负责研究、审议红研中心的重点工作。成立由全国知名专家组成的学术委员会，对红研中心进行理论指导和学术把关。聘请中央党史和文献研究院、中国社会科学院、中央党校、北京大学等知名专家学者为特约研究员，承担红研中心学术研究任务。此外，省财政每年单列 1000 万元专项经费用于红研中心的建设与发展，省委编办给予 10 个人员编制充实红研中心工作力量。

二是深化课题研究。坚持立足江西、面向全国，借助全国高层次学术资源和研究力量，聚焦习近平新时代中国特色社会主义思想和中国共产党人精神谱系等，结合深化重大革命历史研究，共设立各类重大委托课题、重点课题以及专项课题 70 余项，各课题组在中央"三报一刊"和《历史研究》《哲学研究》等重要期刊发表文章 120 余篇。

三是推进学术交流。围绕学习贯彻习近平新时代中国特色社会主义思想以及弘扬井冈山精神、苏区精神、长征精神等重大主题，结合重要时间节点，以打造"红色基因传承高端论坛"品牌为重点，主办或承办全国性理论研讨会、高端论坛 17 场，省部级以上领导专家出席会议 40 余人次，教育部"长江学者"特聘教授、"985"高校教授现场参加百余人次。

（三）以点带面打造全国红色教育聚集地

江西省坚持用红色基因铸魂育人，构筑多元立体、全员全程、全方位的教育体系，推动红色基因入脑入心入行。

一是加强党员干部红色文化教育。坚持把红色基因传承纳入各级党委（党组）中心组理论学习重要内容，纳入各级党校干部教育培训必修课，纳入基层党组织"三会一课"学习内容，建设好"革命传统教育基地""党性教育基地""爱国主义教育基地""廉洁文化教育基地""全民国防教育基地"等教育阵地，推动革命传统教育、党性教育、"四史"教育、理想信念教育常态化制度化。

二是提升青少年红色思政育人实效。江西省正在与教育部共同打造面向全国、服务全国的红色文化育人高地，把红色基因传承作为"大思政课"综合改革试验区建设的重要内容，以"红色基因传承示范校""红色班级"等创建为引领，一体推进大中小幼红色文化课程建设，压实"省级＋片区＋校内"三级备课工作责任，擦亮"红色走读""红色研学""红色寻访"等育人品牌，切实增强红色文化育人效能。

三是增强红色培训市场竞争力。适应红色培训差异化、高质量发展的阶段特征，发挥党校和公办红色培训机构的主力军作用，建立资源共享的红色培训课程库，创新现场教学、专题教学、"体验式"教学等方式，提升红色培训的吸引力、说服力和感染力。

（四）以文塑旅打造全国红色旅游首选地

江西省积极推动红色旅游从"强资源"到"强品牌"的转变，大力促进红色文化和旅游相结合，让人们在参观游览、互动交流过程中了解党史、接受教育、受到熏陶。

一是实施红色旅游提升工程。持续打造南昌"天下英雄城"、赣州"红色故都"、吉安"革命摇篮"、萍乡"毛主席去安源"、上饶"可爱的中国"等红色旅游品牌，推动南昌、井冈山、瑞金等地创建全国红色旅游融合发展示范区，成立省际红色旅游发展联盟，力争江西红色旅游走在全国前列。

二是推动红色景区转型升级。推出一批红色旅游经典景区，开发一批红色旅游精品线路，建设一批红色旅游体验项目，目前有红色旅游A级景区51个，11个景区入选全国红色旅游经典景区名录，5条红色旅游线路入选全国建党百年百条红色旅游精品线路。

三是促进红色旅游融合发展。探索"红色旅游＋农业""红色旅游＋工业""红色旅游＋服务业""红色旅游＋节庆活动""红色旅游＋文创"等新模式新业态，推动红色旅游与乡村振兴有机融合、深度融合，让当年的"革命路""长征路"，成为新时代的"振兴路""幸福路"。

（五）守正打造全国红色文化传播引领地

要延续红色资源的生命力，把握时代特征、融入时代元素，持续创新红色基因传承的话语表达，让红色基因绽放新的时代光芒是核心要义。

一是建好用好主阵地。江西省加大对革命历史类纪念设施、遗址遗迹和爱国主义教育示范基地的支持力度，完善地方爱国主义教育基地免费开放经费保障机制，精心策划推出一批主题突出、形式新颖、内涵丰富的展览精品，特别是建好用好江西省爱国主义教育基地网上

数字展馆云平台，该平台自 2020 年 7 月开放以来，访问量累计达 2
亿人次。

二是推出红色文艺精品。江西省围绕八一起义、秋收起义、井冈
山革命根据地创建 100 周年，精心组织电影、电视剧、舞台剧、歌
曲、美术等艺术门类专题创作，推出赣南采茶戏《一个人的长征》、
民族歌剧《八一起义》、电视剧《大道薪火》、电影《信仰者》等一批
思想精深、艺术精湛、制作精良的红色文艺佳作，并大力推进红色主
题文艺作品进机关、进企事业单位、进城乡社区、进校园、进各类新
经济组织和新社会组织、进网站。

三是构建立体传播格局。充分发挥报纸杂志、广播电视、新闻网
站等主流媒体优势，用好媒体融合发展成果，认真梳理和宣传在江西
发生的重要历史事件、党史人物、革命文物、重要纪念物，构建立体
化红色文化传播体系。顺应新媒体传播趋势，以数字技术赋能红色文
化传播，依托微博、微信、抖音等新媒体平台，通过微视频、直播、
VR 等方式组织开展红色文化主题宣传，不断弘扬网络红色文化主旋
律。依托新时代文明实践中心（所、站）、党群服务中心等阵地，推
动红色文化宣讲进基层，教育引导广大群众在传承红色基因中夯实道
德根基、汲取奋进力量。

四、描绘长征精神的时代新貌

贵州是党的十八大以来党和国家事业大踏步前进的一个缩影。作
为长征时红军活动时间最长、活动范围最广的省份，贵州省近年来在
全力继承革命传统、描绘长征精神的时代新貌方面积累了宝贵经验。

（一）贵州的革命传统与历史传承

一百多年前，贵州涌现出了邓恩铭、王若飞、周逸群、旷继勋、龙大道、周达文、杨至成、林青等一大批追求真理的有志青年，他们翻越黔山穿过贵水，投身到中国革命各条战线，参与中国工农红军创建工作或在党和人民军队担任重要领导职务，这些贵州籍革命先驱与全国共产党人一道用生命和热血共同铸就了伟大建党精神。

新民主主义革命时期，党领导中国工农红军进入贵州，召开了遵义会议等一系列重要会议，打赢了四渡赤水等一系列重大战役，全省各族人民为支持红军转战作出了巨大牺牲和贡献。

社会主义革命和建设时期，人民解放军彻底清除了国民党在贵州的残余势力，巩固了新生的人民政权。党中央组织上海等10余个省市在贵州建立了大量国防科技工业基地，使得贵州成为祖国可靠的战略大后方。

改革开放和社会主义现代化建设新时期，安顺顶云公社率先实行联产承包责任制，与安徽凤阳南北呼应。湄潭农村土地改革在全国推广实施。毕节试验区正式成立。贵州紧抓西部大开发战略机遇，经济社会发展实现了历史性跨越。

（二）继承革命精神的贵州"缩影"

党的十八大以来，在以习近平同志为核心的党中央坚强领导和亲切关怀下，历届贵州省委团结带领各族人民坚持守正创新，苦干实干，推动贵州经济社会发展大踏步前进。

一是文化强省深入实施。向全省印发《关于统筹实施多彩贵州重大文化工程的工作方案》，大力实施红色文化重点建设、阳明文化转化运用、民族文化传承弘扬、屯堡文化等历史文化研究推广"四大工程"，旨在深入实施多彩贵州文化强省战略，呈现跨越古今千年文化脉络，推进文化自信自强，为谱写中国式现代化贵州实践新篇章凝聚强大精神文化力量。电视剧《丁宝桢》在央视黄金档热播，京剧《阳明悟道》主演获中国戏剧梅花奖，民族民间舞《那山那水那人家》《匠心》入围第十四届中国舞蹈荷花奖，"村超""村BA""路边音乐会"等群众性活动频频出圈，《上春山》从春晚唱红大江南北，全方位多层次丰富了群众精神文化生活。

二是红色文化整体呈现。按照长征国家文化公园贵州重点建设区"一核一线两翼多点"总体布局和"1＋3＋8"项目体系建设要求，贵州坚决扛起重点建设、先行示范的政治责任，深入开展长征国家文化公园重点建设工程。目前，各项目体系（即：遵义会议会址展陈提升及环境整治1个核心项目；长征云数字云平台等3个特色项目；石阡困牛山战斗遗址保护展示园等8个重点项目）正在有序推进建设保护工作，全面提升全省红色资源保护管理利用水平和红色文化整体呈现水平。此外，贵州积极学习其他省市先进经验做法，着力理顺红色文化资源建设管理体制机制，推动红色文化创造性转化、创新性发展。

三是科技艺术充分运用。打造推出国内首个以长征为主题的全域行浸式数字科技体验馆"红飘带"，以"数字＋科技＋艺术"前瞻性表现模式传承弘扬长征精神，再现集体红色文化记忆，让观众深度领略"地球上的红飘带"所蕴含的独特红色文化魅力。打造推出《伟大转折》沉浸式剧目，以党"坚定信念、坚持真理、独立自主、团结统一"为主视点，运用新科技手段和创新艺术手法，再现遵义会议、四渡赤水这段波澜壮阔的历程。二者作为贵州长征文化整体呈现的"双子星"，共同承载着新时代弘扬伟大建党精神、长征精神和遵义会议精神的历史使命。

四是思政工作一体推进。制定出台《关于新时代加强和改进思想政治工作的实施方案》等制度文件。一体推进思想政治工作进机关、进企事业单位、进城乡社区、进校园、进军营、进各类新经济组织和新社会组织、进网站，不断健全完善党委统一领导、党政齐抓共管、宣传部门组织协调、有关部门和人民团体分工负责、全党全社会共同参与的"大思政"工作格局。打造"贵在有理""多彩贵州有多彩"等网络理论传播品牌。创新开展并推广"理论宣传二人讲"，获中国政研会2023年度基层思想政治工作优秀案例，位列榜首。

五是榜样力量催人奋进。党的十八大以来，贵州先后涌现出南仁东等6位"时代楷模"，100余位先进典型入选中央和国家部委"道德模范""诚信之星""最美"系列人物。创新打造"新时代的贵州人"宣传选树品牌。在全社会广泛营造了尊崇典型、学习典型、关爱典型的浓厚氛围。

六是爱国主义教育基地建设管理见行见效。截至目前，全省共有19个全国爱国主义教育示范基地、144个省级爱国主义教育基地。出台《贵州省爱国主义教育基地建设管理办法》，不断加强革命历史类纪念设施新建改扩建管理，推动遵义会议纪念馆同中共一大纪念馆、四渡赤水纪念馆同中共二大纪念馆等实现结对共建。

（三）铸就革命精神的贵州新貌

当下，贵州发展不平衡不充分问题仍然突出，在继续坚持和弘扬革命精神基础上，贵州也在奋力打造习近平文化思想生动实践地。按照全国宣传思想文化工作会议部署，贵州聚焦首要政治任务，围绕新的文化使命，充分发挥特色优势、有效激发内生动力、扎实拓展践行路径，加快建设多彩贵州文化强省。贵州自然风光神奇秀美，红色文化独特厚重，民族风情古朴浓郁，气候凉爽宜居宜业，在推进乌江、赤水、梵净山、黄果树等生态文化，与长征、抗战、解放、三线建设等红色文化，以及少数民族地区创造的西江千户苗寨、"村BA""村超"等特色文化融合发展方面潜力巨大。

五、在改革开放前沿传承红色基因

广东作为一片有着光荣革命传统的红色热土，是国内最早传播马克思主义、最早成立共产党早期组织的省份之一。改革开放40多年来，广东坚持解放思想、实事求是，敢闯敢试、敢为人先，参与培育了改革开放精神、特区精神等，进一步丰富了以伟大建党精神为源头的中国共产党人精神谱系，在改革开放最前沿充分彰显了红色资源的时代价值，其在利用红色资源方面的实践经验可凝练为以下几个方面。

（一）强化组织领导，构建坚强有力的体制机制

广东在地理位置上是"交汇处"，在文化上是"交融处"，在意识形态上是"交锋处"，因此必须用好红色资源，从中汲取精神力量，引导群众知史爱党、知史爱国，更加坚定跟党走中国特色社会主义道路的信心和决心。

广东省委、省政府对此高度重视，在全省部署开展红色资源保护利用提升行动，实施遗址登记、历史挖掘、保护建设、展陈提升等专项行动，省委主要领导同志经常赴革命旧址、纪念场馆、爱国主义教育基地等场所调研，要求大力弘扬以伟大建党精神为源头的中国共产党人精神谱系，加强红色资源系统性保护和利用，弘扬革命精神、民族精神、时代精神，点亮理想信念明灯。

省委宣传部扎实履行牵头职责，会同发展和改革、教育、财政、自然资源、住房城乡建设、文化和旅游、退役军人事务和党史研究等部门，建立省革命遗址保护工作联席会议机制，每年对21个地市进行全覆盖、常态化调研指导，带动各地各部门把红色资源保护利用工作摆在重要位置常抓不懈，真正做到在思想上重视起来、在行动上落实下去、在工作中见到实效。

（二）强化研究挖掘，制定科学合理的规划指引

广东省加强对中国共产党人精神谱系的研究阐释，发挥广东省习近平新时代中国特色社会主义思想研究中心和党史研究、党校、社科院、高校马克思主义学院等机构力量，与中央宣传部宣传教育局共同主办改革开放精神学术研讨会，推出一批理论研究成果。

一是深化广东党史研究，设立"广东原中央苏区红色文化资源与苏区振兴发展"等研究课题，组织出版"红色广东"系列丛书，推出《中共广东简明历史（1921—2021）》《中共广东历史百年大事记》"广东中央苏区历史丛书"等，推动11个县被确认为原中央苏区县，完成新一轮全省红色革命遗址普查，为促进红色资源保护利用、革命精神传承弘扬打下良好基础。

二是以学术研究为支撑，聚焦重大革命历史、重点红色资源，坚持价值引领、系统规划、恰当适度、融合发展，科学编制《长征国家文化公园（广东段）建设保护规划》《广东革命文物保护利用片区工作规划》《海陆丰革命文物保护利用片区工作规划》《"南昌起义部队南下广东""中央红色交通线""东纵抗战路"红色革命遗址群专项规划》等，指导各地相继出台系列专项规划，推动红色资源保护利用从"重数量、规模化"向"重质量、系统化"转变，努力实现高质量发展。

（三）强化保护利用，构建精准有效的政策体系

广东省着眼完善顶层设计，先后出台《广东省红色革命遗址保护利用行动实施方案》《广东省红色革命资源保护利用三年提升行动计划》《广东省红色旅游发展实施方案》等政策文件。2022年，省人大常委会表决通过《广东省革命遗址保护条例》，以地方法规的形式明确了革命遗址的保护范畴和要求，明晰了政府、保护管理人和社会等各方面的责任义务，为全时段全领域实施红色资源保护利用提供了法治保障。2024年，出台《广东省革命遗址认定标准（暂行）》，进一步规范革命遗址的认定职责、标准和程序。着眼完善资金保障，省财政厅、省委宣传部等部门联合出台《关于建立红色革命遗址经费保障机制的实施意见》《广东省省级红色革命遗址保护利用经费使用管理办法》，自2019年起，已累计安排约15亿元专项资金，支持近500个红色资源保护利用项目落地实施。

目前，全省已核定公布不可移动革命文物1530处、可移动革命文物4952件（套），长征国家文化公园（广东段）建设稳步推进，中共三大会址纪念馆、团一大纪念馆、红军长征粤北纪念馆等完成新建

改扩建，毛泽东同志主办农民运动讲习所旧址纪念馆、孙中山故居纪念馆、叶剑英纪念馆、叶挺纪念馆、黄埔军校旧址纪念馆等有序实施改陈布展，全省重点红色主题场馆基本完成新一轮建设提升，革命文物保护水平进一步提高，展陈内容形式进一步优化，革命历史和革命精神研究宣传进一步深化，功能作用进一步彰显。

（四）强化宣传引导，开展常态长效的教育普及

广东省紧密结合贯彻实施《爱国主义教育法》《党史学习教育工作条例》，以红色资源为依托，促进革命精神的传承弘扬。

其一，聚焦各级党员干部，把党史学习作为党员干部必修课、常修课，纳入各级党委（党组）理论学习中心组和党校（行政学院）、干部学院常态化学习培训内容，赴红色场馆、革命旧址开展现场教学成为制度化安排。

其二，聚焦青少年群体，深入实施南粤优质思政课程建设计划，上好新学期"思政第一课"，广泛开展"学百年党史·做时代新人""少年儿童心向党""党史故事广东高校接力讲述""寻访红色足迹""英雄在我心中"等主题教育活动，在高校开展"立志、修身、博学、报国"系列活动，引导青少年群体追忆党的光辉历程，让红色基因、革命薪火代代相传。

其三，聚焦全社会参与，指导各地广泛开展"强国复兴有我"群众性宣传教育活动，2024年广州"英雄花开英雄城"传承弘扬红色文化系列活动线上线下吸引8000多万人次参加。创新利用互联网思维，建好用好广东网上红色展馆、"打卡广东红"小程序等新媒体平台，推出VR观展、AI合影、VLOG打卡、答题竞赛等互动性、体

验性强的新媒体产品，策划推出《广东红色印迹》等融媒体节目，努力做到有创意、接地气、传得开、效果好。

（五）强化传承弘扬，凝聚走在前列的精神力量

广东省牢记习近平总书记赋予的使命任务，深化"习近平新时代中国特色社会主义思想与广东实践"的研究阐释，紧扣省委具体部署，锚定"走在前列"总目标，把党史学习教育同总结经验、观照现实、推动工作结合起来，精心开展主题宣传、形势宣传、政策宣传、成就宣传、典型宣传，做大做强主流思想舆论，努力以革命精神激励人、塑造人、引领人。

其次，健全完善思想政治工作体系，将思想政治工作落实到各个地方、各个领域，更好强信心、聚民心、暖人心、筑同心。贯通理论和实践、历史和现实，推出《行进大湾区》专题节目和《榜样的力量》《我们在行动》等融媒体节目，用好中国共产党人精神谱系和中国式现代化广东实践的"富矿"，挖掘宣传其中蕴含的劳动精神、奋斗精神、奉献精神、创造精神、勤俭节约精神等，培育向上向善、刚健朴实的时代新风新貌，进一步激活"改革、开放、创新"三大动力，动员全省干部群众在新时代新征程上奋力实现"十大新突破"，"再造一个新广东"。

六、小结

以上各省市的具体实践均从实际出发，在牢牢把握红色资源的历史特征与在地优势基础上，不断创新途径以激发革命历史的时代价

值。总结来看，可以从中得出以下几方面的启示：

其一，加强组织领导，完善体制机制。通过多部门协作机制，各地将红色资源保护、利用和宣传提升到战略高度，形成上下联动、齐抓共管的工作格局。

其二，深挖历史资源，推动学术研究。各地结合地方实际，系统梳理红色资源和革命史，编制专项保护规划，推出研究成果，为红色资源的科学保护和利用奠定理论基础。

其三，连线连片保护，形成文化集群。上文如北京、贵州等地将多处重要红色遗址串联成片，形成主题突出的红色文化地标区，这种整体规划和系统提升的模式能够发挥红色资源的集成效应，有助于公众从整体上形成对红色资源的印象与认识。

其四，健全政策法规，落实保障措施。出台相关条例和政策，能够确保红色资源在法治框架下得到有效保护；通过专项资金支持，更能推动一批高质量红色项目落地。

其五，创新宣传教育，扩大社会影响。利用多种形式的传播和教育平台，各地广泛开展面向干部群众和青少年的红色教育，这表明红色资源的宣传已趋向于与现代传播形式结合，利用多种艺术表现手段，使红色文化更贴近生活、深入人心。

其六，弘扬革命精神，凝聚时代力量。时代性是红色资源的重要属性之一，也是当下保存红色文化、赓续红色血脉最重要的现实意义。各地注重从红色资源中汲取精神力量，结合新时代的需求，将革命精神与经济社会发展紧密结合，激励人民在实现中国式现代化进程中不断奋进。

第二节　革命场馆用好红色资源的创新举措

一、沂蒙革命纪念馆：创新"红色讲解"模式，开拓讲解新思路

位于山东临沂的沂蒙革命纪念馆，以打造传承和弘扬"沂蒙精神"重要阵地为根本目标，将抓好讲解作为工作的重中之重，不断提升社会教育水平，优化观众参观体验，加深参观记忆。

一是开发红色教育课程。深入研究挖掘"红色讲解"的丰富内涵和表现形式，创新"启发式讲解"模式，明晰"红色"所赋予当代讲解员的历史使命和责任。依托烈士陵园和革命纪念馆红色资源，开发了红色讲解概说、现场教学模式指导等讲解培训课程和"国际友人汉斯·希伯""革命夫妻陈明、辛锐""沂蒙母亲王换于""渊子崖村自卫战"等80余个启发式讲解模块，在现场教学中反响良好。同时，以"历史性挖掘、故事化讲述、创新性呈现"为特色，汇集整合馆藏文物资源与陈列展览、社会教育资源，创新线上和线下融合的社会教育新模式，拍摄制作《铭记历史、缅怀英烈》《光荣沂蒙》《听，这就是红色齐鲁》等主题线上红色讲解视频120余个，打造了"没有围墙的纪念馆"。上述系列视频在"学习强国"、新华网和纪念馆微信公众号及官网等平台上进行发布，浏览量达到3000余万，达到了发人深省、给人启迪、催人奋进的教育效果。

二是开展红色故事宣讲。坚持"走出去"和"引进来"，将基地宣传和对外宣讲结合起来，完善红色文化传播互动体系，扩大沂蒙精神传播范围，使广大党员干部群众从革命先烈的丰功伟绩中感受强烈

的精神震撼，从英模榜样的先进事迹中获得深刻的思想启迪。2017年10月，成立沂蒙革命纪念馆红色故事宣讲团，创作《沂蒙红嫂明德英》《大德至美传佳话》《半条军毯》《永不分离》《沂蒙花开》《一个村庄的抗战》等一大批反映革命战争年代沂蒙根据地军民团结一心、奋勇抗战，以及沂蒙人民拥军支前、救护伤员的红色故事，编排小合唱《沂蒙红》、话剧《沂蒙红嫂》、歌伴舞《愿亲人早日养好伤》、群体朗诵《壮哉！沂蒙丰碑》、《青春中国》等一批红色经典节目，广泛开展"光荣沂蒙"主题红色故事宣讲"五进"（进机关、进军营、进校园、进社区、进企业）活动，推动红色教育走出去、活起来、"声"入人心。宣讲团先后走进海军"沂蒙旅"、武警临沂支队、沂蒙国防教育学校和临沂朴园小学等单位和临沂市机关党的建设专题研讨班等主题培训班，在社会上赢得广泛赞誉。

二、中国人民抗日战争纪念馆：让红色基因传遍全球

位于北京的中国人民抗日战争纪念馆（以下简称抗战馆）以"向国际社会讲好中国抗战故事，展示我国追求和平维护和平珍爱和平良好形象"为目标，采取了一系列具有开创性的举措。

一是积极发挥国际二战博物馆协会纽带桥梁作用打好"阵地"牌。2015年，抗战馆倡导发起成立国际二战博物馆协会。坚持"发展会员、服务会员、依托会员"宗旨，围绕"搭建平台，促进交流与合作"目标，通过联合办展、学术研究、资料共享、人员互访、共同纪念等，不断加强与国际二战类博物（纪念）馆各层次多方面合作交流，不断增强国际二战博物馆间互信与共识，吸引越来越多的博物馆加入协会大家庭，目前已有俄罗斯胜利纪念馆、美国休斯敦犹太人大

屠杀纪念馆、韩国独立纪念馆等 15 个国家 50 家会员单位。加强联络沟通，促进交流合作，先后召开 20 余次协会专题会议、高级别论坛、国际学术研讨会等，联合举办"二战抗日战场"国际展览群、"中国抗战漫画"专题展、"前线军人、画家谢尔盖·卡特科夫眼中的战争"、"患难见真情——二战时期救助犹太人的波兰人"等系列展览。其中，在美国旧金山举办"事实与真相——二战时期发生在亚太地区的罪行"专题展览，深刻揭露日本军国主义在亚太地区反人类、反和平罪行，得到国际社会的广泛认同。

二是充分调动整合国内外媒介资源优势打好"宣传"牌。抗战馆积极借助主流媒体海外账号开展对外传播，扩大抗战史外宣国际影响力，重要抗战纪念日策划专版专稿，第一时间为驻外记者提供新闻亮点，策划系列宣传报道。以纪念中国人民抗日战争暨世界反法西斯战争胜利 75 周年为契机，与央视英语、俄语频道联合直播，在俄语频道播出《我们需要用各种语言说出这段历史的真相》，推出中英日俄多文版系列专题宣传，在海外社交媒体备受关注。同时注重发挥国外驻华媒体作用，利用重大纪念活动、引进外展等时机强化对外传播，如公布日本强掳中国赴日劳工罪行珍贵档案等，持续掀起国内外媒体报道热潮，法新社、日本读卖新闻、日本 TBS 电视台专程赴抗战馆拍摄系列报道。通过持续加强对外传播工作，有力展现国家级纪念馆宣扬倡导红色主流价值的思想引领力和舆论引导力。

三、古田会议纪念馆：为青少年群体量身定制红色项目

位于福建龙岩的古田会议纪念馆（以下简称古田馆）始终以在青

少年中开展革命传统教育和爱国主义教育为己任，主动采取各种形式把古田会议精神等伟大精神传播到青少年群体中，与全国各地的大中小学校广泛开展社会教育和共建交流活动，并于2022年入选全国首批"大思政课"实践教学基地。

一是有针对性地提供讲解服务。根据教育对象群体的特点和需求，古田馆对讲解服务实行分门别类，对标准化的讲解稿进行修改，针对不同的讲解场景使用定制化的讲解词。针对青少年群体，在讲解过程中更多地采用口语化，特别是青少年喜欢的、适合青少年的语言风格，通过通俗易懂的语言，结合版面史料、展柜文物，增加若干备选故事，使史实更加丰富、形象生动，使学生切实受到启发教育。

二是开辟青少年"第二课堂"。古田馆在向青少年普及古田会议精神方面坚持常态化、持久化的原则。一方面，古田馆与北京大学、复旦大学、厦门大学等一批高等院校签订了共建协议，这些共建的大学每年定期组织学生到古田接受革命传统教育，开展夏令营等社会实践活动；另一方面，古田馆积极推出"行走的课堂"系列社会教育课程，深入中小学开展爱国主义教育活动，使学生进一步了解红色文化，让学生们在看中学、学中思、思中行，学思并举。

三是打造"红古田·红故事"栏目。古田馆创新宣教举措，利用丰富的馆藏文物资源优势，重点围绕红四军在闽西的活动以及闽西土地革命史、中国共产党历史等鲜活的革命故事，培养出一支近20人的业务强、素质高、情怀深的专业网络宣讲员，在"学习强国"等网络平台推出了《毛泽东被暖人心》《朱德苦苦追寻为入党》等数十个感人至深的红色故事，目前已经打造成具有古田特色的社教品牌——"红古田·红故事"语音网络直播栏目。该栏目在各大网络媒体上引起了强烈反响，阅读量已经突破了 300 万人次，部分单个音频点击量近 27 万。

四、抚顺市雷锋纪念馆：主办全国性学雷锋活动

抚顺市雷锋纪念馆是传承弘扬雷锋精神的重要阵地，主要承担爱国主义教育、弘扬雷锋精神、烈士褒扬纪念、雷锋精神研究、雷锋文化交流展示等工作任务。为活化红色资源，在全国范围内弘扬雷锋精神，抚顺市雷锋纪念馆开展了全国性学雷锋活动。

抚顺市雷锋纪念馆作为全国文明单位，组织志愿服务活动上千次，还组建了由雷锋亲历者、大学生、青少年等组成的近 2000 人的学雷锋志愿服务队伍，打造出闻名全国的志愿服务品牌，常年开展志愿服务。日常工作中，雷锋纪念馆与多个社区结成共建单位，捐款捐物，参与社区建设，帮助社区解决很多困难。携手"网易辽宁"制作"线上参观雷锋纪念馆"的专题视频《直播走进纪念馆　线上感受雷锋一生》。2021 年 3 月 5 日，抚顺市雷锋纪念馆与"新浪辽宁"联合举办"讲党史、学雷锋——雷锋精神　我来传承"主题活动。

此外，雷锋纪念馆主办了"全国雷锋精神主题展馆暨全国创建雷锋学校研学"会议、全国部分高校"弘扬雷锋精神，培育时代新人"研讨会和全国学雷锋和志愿服务座谈会等全国性大型会议。全国 50 余个雷锋精神主题展馆、60 余个雷锋学校的负责人到抚顺参加研学活动。在全国建立 5 家流动展馆，在 70 多个城市举办大型展览，精心安排"雷锋精神宣讲小组"奔赴国内各地及"一带一路"沿线国家和地区进行雷锋精神宣讲。清华大学等全国 32 所高校代表、学雷锋

专家学者和雷锋事迹亲历者等参加研讨会，成立了全国"雷字号单位大联盟"，会议发布《"学雷锋、育新人"抚顺宣言》，为推动全国高校学雷锋作出了抚顺贡献。同时，抚顺市雷锋纪念馆主动与中共一大纪念馆、焦裕禄纪念馆、南湖革命纪念馆等全国著名红色纪念馆建立联盟，共同开展主题活动。

五、交大西迁博物馆：创新研究传承"大课堂"

交大西迁博物馆坐落于西安交通大学兴庆校区，集中体现西迁人"听党指挥跟党走""打起背包就出发"，筚路蓝缕西迁创业的艰苦历程和辉煌成就，展示西迁精神激励一代代知识分子奋勇前进的磅礴伟力。围绕这一主题，结合交大西迁博物馆的区位优势，打造出学校"小课堂"与社会"大课堂"的组合课程，发挥加成效果。

学校"小课堂"。交大西迁博物馆的课程开设在学校范围内是服务于西安交通大学师生，打造"开学第一课"，为交大新生讲授"西迁精神"。此外，为本科学生开设"西迁精神与大学文化"通识课程，推出"行走的党史课"等实践课，主编中小学《西迁精神教育读本》已发行百万余册。交大西迁博物馆紧紧围绕弘扬西迁精神、充分发挥馆内优势并结合博物馆教育的新理念，组建了一支"研究＋教学＋助教"的专业团队，研发"专题报告＋现场教学＋实践活动"三位一体主题式课程。课程强调理论与实践相结合，突出教学个性化与活动品牌化。此外，还组织学生志愿者参与红色"云展览"策划、"云直播"讲解、"云课程"建设，撰写红色故事、访谈"西迁人"、策划红色主题活动等，使学生通过丰富立体多元实践体悟"听党指挥跟党走"的深刻内涵。

社会"大课堂"。面向社会，西迁博物馆创新开设"云端"大思政课，西安与延安学子共学西迁精神，西迁老教授与北京小学生共学党的二十大精神。交大西迁博物馆把传承西迁精神与强化社科普及相结合，不断增强社科普及工作的理论性、实践性、鲜活力、感染力。此外，开展"探访精神谱系红色展馆"社会实践、"博物馆六进"等活动，宣讲西迁精神；组建院士、干部、学者、辅导员、团干部、学生骨干六级宣讲体系，举办宣讲活动。讲解员积极参与第十四届全运会等志愿服务，不断发挥"陕西省社会科学普及基地"的示范作用，强化价值引领，推进创新发展，激发社科普及活力，推动社科普及工作的根基更加坚实、特色更加鲜明、影响更加广泛。

六、红旗渠纪念馆：创新活化利用，推进数字化建设

红旗渠纪念馆始建于 1973 年，是一座全面反映红旗渠建设历史的专题展馆，也是一个集收藏、研究、展示和传承红旗渠精神的红色旅游经典景区。红旗渠精神在加强中国共产党人精神谱系研究和红色资源开发利用上，不断用丰富鲜活的展示方式多维度立体呈现红旗渠精神。

2018 年红旗渠纪念馆构建智慧旅游大数据中心，同年 12 月率先成为全国旅游行业 5G 应用创新示范基地，2019 年 10 月获河南省"五钻级智慧景区"称号。2022 年，建成红旗渠元宇宙剧场。"元宇宙剧场"即通过数字技术手段，使游客在全景式包围中观看定制影片，从而沉浸式体验影片所展示的内容。该剧场内部采用了六面电子屏全

景铺设，凭借新型数字化技术设施搭建，环屏展现当年林县人民修建红旗渠的壮举以及现今红旗渠的美丽景象。红旗渠元宇宙剧场分为融合投影区和 LED 时光隧道区两个区域，借助融合投影及 LED 沉浸式时光隧道技术，还原红旗渠修建历史，给游客创造一个超脱于常态沉浸式体验的元宇宙空间，使其身临其境学红色，穿越时空感当年。

七、雨花台烈士陵园：构建"雨花思政"的大思政课体系

雨花台烈士陵园（以下简称雨花台）坐落于南京，是新中国成立以来规模最大的烈士陵园之一，深厚的红色资源和历史积淀为其思政教育功能奠定了坚实基础。围绕"雨花思政"大思政课体系，雨花台依托多层次智库平台，积极开展革命史料整理和教育创新，持续深化"大思政课"建设。

雨花台通过深入挖掘馆藏史料资源，推出"雨花英烈史料""信仰的力量""雨花台烈士传"三大丛书，为思政教育提供丰富内容，更以革命纪念馆的育人功能为核心，推出《中国革命纪念馆发展报告》《中国革命纪念馆概论》等理论图书，持续发挥智库作用，不断深化"大思政课"内容体系建设。

在教学体系上，雨花台创新设计多元化、分众化课程，以适合不同年龄段的学生需求。例如，为中小学生编写《传承》雨花英烈精神中、小学生读物，并设计配套的 6 节实境思政课，涵盖预习、教学、复习三个环节，以"课前＋课中＋课后"一体化教学资源改善学习效果。针对高校新生，雨花台开展"开学第一课"，鼓励学生在大学伊始领悟雨花英烈精神。课程中还包含针对特殊群体的内容，如专门

为视障学生设置的"听见纪念馆"课程。此外，雨花台结合网络平台，通过开发"云课堂""慕课"等数字产品，扩大思政课程覆盖面，增强教学的深度和广度。

在师资体系上，雨花台注重与高校的合作，通过"馆进校、校进馆"模式，培养一支专兼结合的思政教师队伍。雨花台定期组织高校辅导员、教师及志愿者参加专题培训，提升思政教育水平，同时实施"蒲公英"计划，开发示范课，让校方教师也成为红色教育的推广者。

雨花台不断完善保障机制，通过与国家革命文物协同研究中心合作，建立"雨花思政"实践教学研究室，打造多功能教育展示空间，将课堂教学与互动体验有机结合，全面提升红色文化教育的吸引力和影响力。

八、小结

以上各纪念馆的实践经验均体现了红色资源传承利用的创新探索，展现出将红色文化转化为大思政课的多样路径，并对此提供了重要的经验启示。

其一，各馆注重打造特色化、多元化的教育服务项目。无论是抗战纪念馆的国际化合作与展示，还是雷锋纪念馆的广泛志愿服务，都表明革命纪念馆不仅是历史的见证者，更是当代思想教育的传播者。通过合作展览、学术研讨、跨国交流等形式，纪念馆将地方红色资源转变为具有国际影响力的思想教育平台，使红色教育影响更为广泛且深入人心。同时，像红旗渠纪念馆的元宇宙剧场等，体现出数字技术在增强互动性与沉浸感方面的创新价值，吸引更多年轻人参与并真正走进历史情境，增强革命教育的感染力。

其二，各馆重视搭建新形式的课程体系和教育模式。雨花台烈士陵园和交大西迁博物馆通过系统化的课程设计，结合校内校外的"小课堂"与"大课堂"，形成了线上线下结合、课内课外相融的教育模式，为青少年搭建了全面、立体的红色教育框架。这些课程以教材、读物、实境课程等形式丰富了红色文化的学习内容，强化了理论与实践、课内与课外的联动。

其三，通过智库建设和研究支撑，增强红色资源的学术性和理论深度。多个纪念馆依托国家革命文物协同研究中心等学术研究平台，出版相关图书、专题报告等，试从学理角度深化思想政治教育的内容层次。同时，通过建立长期的研究机制，纪念馆不仅提升了自身在馆校合作、大思政课体系中的地位及话语权，也逐步成为学校及社会系统中的重要智库，有力推动了红色资源的知识积累和传播。

此外，志愿服务和队伍建设是纪念馆实现红色教育深入人心的重要保障。抚顺市雷锋纪念馆通过广泛的志愿活动和全国性志愿者队伍，营造了人人践行雷锋精神的氛围；古田会议纪念馆与高校共建的社会教育项目，则以持续的志愿服务激发青少年的历史责任感与行动力。这样的志愿服务体系建设为红色文化的传承培育了可靠的"种子"，有助于培养公众对红色文化的认同感和参与感。

这些珍贵的实践案例表明，红色资源的创新利用尤其要聚焦"大思政课"的转化，这需要突破传统的讲授模式，通过多维度的参与体验、个性化的课程设置以及全方位的传播手段，将红色文化的精神内涵融入公众生活与公共空间，进而实现以红色资源资政育人的目标。

结　语
弘扬伟大建党精神，打造文化自信自强的上海样本

　　伟大建党精神是习近平新时代中国特色社会主义思想的一次重大理论创新。党的二十大报告主题进一步彰显了伟大建党精神的重大理论意义，并深刻指出要弘扬以伟大建党精神为源头的中国共产党人精神谱系，用好红色资源。用伟大建党精神引领新的伟大社会实践，充分用好红色资源，首先要坚持党的全面领导，牢牢把握意识形态工作主导权，以社会主义核心价值观为引领，突出公益属性和社会效益，更好地构筑中国精神、中国价值、中国力量。中国共产党是中国特色社会主义事业的领导核心，必须充分发挥党总揽全局、协调各方的领导核心作用。近年来，在以习近平同志为核心的党中央坚强领导下，宣传思想文化领域高扬思想旗帜、把握正确方向、聚焦使命任务、加强改革创新，我国文化建设在正本清源、守正创新中取得历史性成就、发生历史性变革，为新时代坚持和发展中国特色社会主义、开创党和国家事业全新局面提供精神伟力。当前，世界百年未有之大

变局加速演进，我国文化发展面临的挑战和困难前所未有，红色资源熔铸着中国共产党人顽强拼搏、不懈奋斗的红色血脉，蕴蓄着强大正能量，但能否运用好、发挥出最大效能，则考验着我们的政治把握能力、思想理论水平和实践工作能力。

2023 年，国家文物局印发了《革命文物主题陈列展览导则（试行）》，为各地用好红色资源、办好革命文物主题陈列展览、弘扬革命文化、发挥革命文物教育功能提供了富有操作性的指导意见。各级各类红色展馆必须按照《导则》要求，进一步提高政治站位，加强政治学习、历史学习、党史学习，特别是对中国共产党三个历史决议的学习理解，将学习成果贯穿于活化运用红色资源之中，让活起来的红色资源服务于新时代中国特色社会主义建设的大局。

第一，用好红色资源，必须坚持以人民为中心。

党的二十大报告指出，我们必须坚持把实现人民对美好生活的向往作为现代化建设的出发点和落脚点。社会主义现代化不仅是物质文明的建设，随着物质生活水平的提升，人民对精神文化的需求也越来越多样化、多层次、多方面。

近年来，革命场馆、革命旧址成为广大群众尤其是青少年的热门打卡地，全社会掀起赓续红色血脉、传承红色基因的热潮。历史是最好的教科书，中国革命历史是最好的营养剂。红色资源不仅是广大党员干部坚定理想信念、加强党性修养的生动教材，对于广大人民群众和青少年来说，也是充满正能量、具有丰富滋养的精神源泉，是鼓舞和激励中国人民不断攻坚克难、奋勇前进的强大精神动力。

截至 2023 年 3 月，全国已建成革命历史类博物馆、纪念馆 1644家，全国革命历史类纪念馆累计推出主题展览 1.5 万个，累计接待观众超 28 亿人次。这对革命历史类博物馆来说，既是机遇也是挑战，要求各馆以服务好人民日益增长的美好生活需要为中心，贯彻新发展理念，以内容建设为本，策划开发多样化、有温度、高品质的革命文物公共服务和文化产品供给，推动革命文物资源保护与经济社会发展互促共荣，不断完善文旅服务体系，彰显红色凝聚力和带动力。

第二，用好红色资源，必须坚持守正创新。

党的二十大报告指出，要坚持创造性转化、创新性发展，以社会主义核心价值观为引领，发展社会主义先进文化，弘扬革命文化，传承中华优秀传统文化。党的十八大以来，在以习近平同志为核心的党中央领导下，革命类纪念馆在场馆建设、文物保护、藏品研究、陈列展览、开放服务、教育传播等方面不断取得新进展，红色资源在党史学习教育、革命传统教育、爱国主义教育、思想政治教育、公民道德建设等方面发挥的作用也在不断提升。在长期工作中形成的一系列规律性认识和成功经验，为推进纪念馆事业发展提供了守正创新的基础。但是面对新时代、新形势、新需求，面对人民日益增长的美好生活需要同目前发展不平衡、不充分之间的矛盾，需要我们坚持问题导向、目标导向，解放思想、开拓创新，坚持改革创新、统筹协调、开放共享，在红色场馆的发展定位、体系布局、功能发挥、体制机制等方面不断提升完善，在红色资源的科学保护、系统研究、精品展示和强化教育等方面不断探索，运用新的发展理念、技术手段，统筹资源，发挥合力，锐意进取。

红色资源是开展党性教育、党史学习教育、爱国主义教育、青少年思想道德教育的宝贵资源。在学习贯彻习近平新时代中国特色社会主义思想主题教育中，各级党组织要按照总书记的要求，充分用好红色资源，持续弘扬伟大建党精神，教育引导广大党员、干部赓续红色血脉，用党的奋斗历程和伟大成就鼓舞斗志、指引方向，用党的光荣传统和优良作风坚定信念、凝聚力量，用党的历史经验和实践创造启迪智慧、砥砺品格。要引领全社会从伟大建党精神中、从丰富的红色文化资源中汲取以爱国主义为核心的民族精神和以改革创新为核心的时代精神，不断增强团结一心的精神纽带、自强不息的精神动力，凝心聚力，奋进新征程！

参考文献

报告和决议

1.《中共中央关于党的百年奋斗重大成就和历史经验的决议》，人民出版社 2021 年版。

2.《中华人民共和国国民经济和社会发展第十四个五年规划和 2035 年远景目标纲要》，人民出版社 2021 年版。

3.《高举中国特色社会主义伟大旗帜　为全面建设社会主义现代化国家而团结奋斗——在中国共产党第二十次全国代表大会上的报告》，人民出版社 2022 年版。

专著

1. 习近平：《习近平著作选读》第 1 卷，人民出版社 2023 年版。

2. 中共中央党史和文献研究院：《中国共产党的一百年》，中共党史出版社 2022 年版。

3. 中共上海市委党史研究室：《1921—1933：中共中央在上海》，中共党史出版社 2006 年版。

4. 国家文物局编：《中国革命纪念馆概览》，南京出版社 2021 年版。

5. 潘敏、权衡主编：《上海市红色资源传承弘扬和保护利用蓝皮书（2021—2022）》，上海社会科学院出版社 2023 年版。

6. 韩玲主编：《红色资源的时代价值》，江西人民出版社 2016 年版。

7. 渠长根：《红色文化概论》，红旗出版社 2017 年版。

8. 宋娴：《博物馆与学校的合作机制研究》，复旦大学出版社 2019 年版。

9. 郑奕：《博物馆与中小学教育结合制度设计研究》，复旦大学出版社 2022 年版。

10. 周婧景：《实物、人类学习与博物馆学》，复旦大学出版社 2023 年版。

11. 徐未晚主编：《党在这里诞生》，东方出版中心 2020 年版。

12. 熊月之：《光明的摇篮》，上海人民出版社 2021 年版。

13. 林毅夫、王贤青主编：《新质生产力：中国创新发展的着力点与内在逻辑》，中信出版社 2024 年版。

14. 聂国林：《红色资源思想政治教育价值有效实现研究》，中央文献出版社 2021 年版。

论文

1. 习近平：《用好红色资源　赓续红色血脉　努力创造无愧于历史和人民的新业绩》，《求是》2021 年第 19 期。

2. 沈成飞、连文妹：《论红色文化的内涵、特征及其当代价值》，《教学与研究》2018 年第 1 期。

3. 刘润为：《红色文化：中国人的精神脊梁》，《红旗文稿》2013 年第 18 期。

4. 周峥、张玉菡：《用好红色资源凝心聚力奋进新征程》，《红旗文稿》2023 年第 11 期。

5. 冯雅、吴寒、李刚：《论习近平红色资源观》，《图书馆论坛》2022 年第 1 期。

6. 谭冬发、吴小斌：《"红色资源"与扶贫开发》，《老区建设》2002 年第 7 期。

7. 闻洁璐：《红色文化资源研究综述》，《浙江理工大学学报》2007 年第 1 期。

8. 渠长根、武玮芸、成彦彦：《红色文化概念研究综述》，《哈尔滨职业技术学院学报》2022 年第 4 期。

9. 魏本权：《从革命文化到红色文化：一项概念史的研究与分析》，《井冈山大学学报》（社会科学版）2012 年第 1 期。

10. 张泰城、张玉莲：《红色资源研究综述》，《井冈山大学学报》（社会科学版）2013 年第 6 期。

11. 杨海霞：《红色文化的内化困境及对策探析》，《思想政治教育研究》2020 年第 4 期。

12. 王元：《上海红色文化资源与城市精神的互动》，《上海文化》2023 年第 10 期。

13. 孔亮、高福进：《上海红色文化资源的特色、优势及研究述评》，《上海文化》2020 年第 10 期。

14. 熊月之：《上海城市集聚功能与中国共产党创立》，《学术月刊》2021 年第 6 期。

15. 吴凡：《伟大建党精神引领下的红色文化 IP 挖掘与传播——以中共一大纪念馆"一大文创"品牌为例》，《文化月刊》2023 年第 10 期。

16. 王思怡、吴心怡：《基于 LDA 主题模型的革命历史题材展览青年观众情感研究分析——以上海四行仓库抗战纪念馆为例》，《东南文化》2023 年第 3 期。

17. 张露胜：《红色主题展览宏大叙事的构建》，《东南文化》2022 年第 4 期。

18. 张麟：《走向舞剧创作的本体自觉——舞剧〈永不消逝的电波〉创作方式的美学评析》，《北京舞蹈学院学报》2020 年第 4 期。

后　记

　　上海拥有丰富的红色资源和深厚的革命传统。如何从革命传统中提取时代密码，创新红色文化的话语表达与传播机制，进一步弘扬伟大建党精神、打造文化自信自强的上海样本，是本书尝试回应的重要议题。立足以革命纪念场馆为核心的红色资源传扬机构的当下实践，本书对上海目前传承利用红色资源的基本现状进行梳理总结，从历史与现实、理论与实践、本地与外地、行内与行外的比较分析中，系统探讨上海红色资源利用实践的必要性、时代性与独特性，力求为新时代上海弘扬伟大建党精神、用好红色资源、打造习近平文化思想最佳实践地提供研究支撑和建设性方案。

　　本书缘起于2022年上海市哲学社会科学规划"研究阐释党的二十大精神"专项课题"党的诞生地传承弘扬伟大建党精神与用好红色资源实践研究"。课题推进过程中，课题组一方面对上海市红色资源的传播利用情况开展了系统调研，逐渐建立起对上海红色文化的整体性认知；另一方面，以革命纪念场馆为核心，聚焦典型案例，尤其关注红色资源保藏传播机构在新时代背景下的转型发展问题。该课题于2022年7月顺利结项。在此基础上，本书陆续吸纳了研究团队近两年来关于弘扬伟大建党精神、阐释传播革命文物、红色文化赋能"大思政课"建设、策划实施红色主题展览、上海红色文化产业发展等最新成果，其中的部分内容已在《红旗文稿》《中国文物报》《解放日报》《纪念馆研究》等报刊上发表。本书首次对这些研究进行系统梳理及学理提升，形成了较为完整的架构。

本书的研究与撰写人员全部来自中共一大纪念馆，故而我们的视角与经验深深扎根于纪念馆的一线工作经历。本书由周峥总体统筹，渠雨桐、陶渊骏对全书进行统稿整编，渠雨桐对全书章节进行了文字打磨。撰稿过程中，课题组成员张玉菡、李晓玲、张德仁、林得菊、白晨、王珂、孙宗珊以及中共一大纪念馆黄程程、嵇姝姝承担了素材搜集与编纂工作，为全书奠定了基础。

在对纪念馆等红色资源传播机构的具体实践进行审视与反思的同时，我们也尝试跳出思维局限，走访并调研了全市乃至全国的多家单位与机构。中共上海市委宣传部在此过程中给予了全面指导与大力支持，上海图书馆、上海市档案局、中共一、二、四大场馆管理委员会、复旦大学、上海大学等兄弟单位给予了慷慨帮助，中国人民抗日战争纪念馆、沂蒙革命纪念馆、古田会议纪念馆、抚顺雷锋纪念馆、交大西迁博物馆、红旗渠纪念馆、雨花台烈士陵园等场馆在资料搜集上予以了大量协助。作为"上海智库报告文库"之一，本书的出版得到了上海市哲学社会科学规划办公室的大力支持和有力组织，上海人民出版社在本书的编辑过程中也提供了一系列宝贵建议。

由于研究编纂人员水平有限，全书不免存在相关视角缺失、资料搜集疏漏等问题，敬请学者与同仁们批评指正。

周　峥

2025 年 4 月

图书在版编目(CIP)数据

守护精神家园：上海红色资源传承弘扬创新 / 周峥
等著. -- 上海：上海人民出版社，2025. -- ISBN 978
-7-208-19299-7

Ⅰ. K878.2

中国国家版本馆 CIP 数据核字第 2024235JM7 号

责任编辑 沈骁驰
封面设计 汪　昊

守护精神家园：上海红色资源传承弘扬创新
周　峥 等著

出　　版　上海人民出版社
　　　　　（201101　上海市闵行区号景路 159 弄 C 座）
发　　行　上海人民出版社发行中心
印　　刷　上海中华印刷有限公司
开　　本　787×1092　1/16
印　　张　12.5
插　　页　3
字　　数　145,000
版　　次　2025 年 6 月第 1 版
印　　次　2025 年 6 月第 1 次印刷
ISBN 978 - 7 - 208 - 19299 - 7/D・4440
定　　价　58.00 元